中国文化第一课

杨熔 主编

典籍里的『礼』

深圳出版社

图书在版编目（CIP）数据

中国文化第一课．典籍里的"礼"/ 杨熔主编．-- 深圳：深圳出版社，2025. 1. -- ISBN 978-7-5507 -4045-7

Ⅰ. G634.303

中国国家版本馆 CIP 数据核字第 2024PV7583 号

中国文化第一课·典籍里的"礼"
ZHONGGUO WENHUA DIYIKE · DIANJI LI DE "LI"

出 品 人　聂雄前
责任编辑　靳红慧
责任校对　黄　腾
责任技编　郑　欢
装帧设计　知行格致

出版发行　深圳出版社
地　　址　深圳市彩田南路海天综合大厦　（518033）
网　　址　www.htph.com.cn
订购电话　0755-83460239（邮购、团购）
设计制作　深圳市知行格致文化传播有限公司
印　　刷　深圳市华信图文印务有限公司
开　　本　787mm×1092mm　1/16
印　　张　25
字　　数　350 千字
版　　次　2025 年 1 月第 1 版
印　　次　2025 年 1 月第 1 次
定　　价　58.00 元

序

　　无论上智下愚，大家都承认，阅读与推广"中华优秀典籍"是大好事。可问题在于，怎么做才最有效？书店里，充斥各种有关"中国文化"的普及读物，只是因其良莠不齐，须专业人士才能辨别哪些是真下功夫，哪些属于辗转袭用。或许正是有感于此，教育部颁发人文社科优秀成果奖时特设"普及读物奖"，除了说明"文化普及"的重要性外，更证明做好此事很不容易。

　　深圳南山图书馆为了让更多的中小学生走近中华典籍，决定编写"中国文化第一课"系列普及读物，看似只是从众多的典籍中寻章摘句，释词解意，并略作引申发挥，实则蕴涵着现代眼光与现实关怀。千万别以为启蒙读物容易编写，正因拟想的读者文化水平不太高，缺乏辨析史实与理论的能力，你的文字更得负责任，编写也更得有巧思。而借助文与质、虚与实、古与今、图与文之间的精心布置，凸显其文化品位，增强其传播效果，此类启蒙读物历代都有，若做得好且传播开去，功德无量。

　　说是"第一课"，门槛其实并不低，尤其作为系列图书，选择《典籍里的"礼"》打头阵，以"和"为重要的价值取向，从礼义、礼仪、礼器三个方面，让青少年在学习中懂礼、习礼、守礼和重礼，这可是大有深意的。当下中国人的生存处境与文化需求，让我回想起一百年前关于能否将《礼记》的"礼"译成 Art 而不是 Rite 的讨论，在周作人看来，"生活之艺术这个名词，用中国固有的字来说便是所谓礼"（《雨天的书·生活之艺术》）。在禁欲与放纵、节制与自由、文雅与野蛮之间，取得某种微妙且合理的平衡，此等兼及治国方略与百姓日用，既高深莫测又平淡无奇的"礼"，确实是很高的文化趣味与精神境界。

编写普及读物，谈论古人、古书以及古典世界，我既不喜欢信口开河，也不欣赏高深莫测。决意摒弃鄙陋，但也不能过于高蹈，其中的分寸感，不太好把握。总的原则是，谈的是古典知识，但注重人情物理，切近日常生活，兼及现代知识，这才是最值得推崇的。某种意义上，此类兼及人伦、哲思、文章与常识的图书，不只中小学生需要，成年人也喜欢，也能欣赏。在我看来，若非专业人士，与其啃读步步为营的高头讲章，还不如翻阅此类包含原文、注释、解读、知识链接的普及读物，因其兼及历史知识、典章制度、诗词文章、考古器物，更为实在，也更有用——起码多少可以培养阅读古文、理解古人的趣味与能力。

深切祈望这"第一课"不断开花结果，若持之以恒，且能保持《典籍里的"礼"》的编写水平，是有可能闯出一条普及传统文化的新路的。

陈平原

2024 年 4 月 9 日于京西圆明园花园

目录

礼义篇

礼
德 仁
诚 义
敬 谦
俭
友
修身
知行

礼

礼起于何也？曰：人生而有欲①，欲而不得②，则不能无求③；求而无度量④分界，则不能不争；争则乱，乱则穷⑤。先王恶其乱也，故制礼义以分⑥之，以养人之欲，给人之求，使欲必不穷于物，物必不屈⑦于欲，两者相持而长⑧，是礼之所起⑨也。

——《荀子·礼论》

【注释】

① 欲：欲望。

② 不得：不能满足。

③ 不能无求：不能没有追求。

④ 度量：限度。

⑤ 穷：穷困，困境。

⑥ 分：区分。确定名分，即划定各人的等级、地位、职分等。

⑦ 屈（jué）：竭尽，殆尽。

⑧ 长（zhǎng）：增长。

⑨ 起：起源。

【解读】

礼是从哪里产生的呢？荀子认为，人类生来就有欲望，欲望达不到不可能放弃追求；追求没有标准和界限的时候，就会有争夺；互相争夺就会引起混乱，乱起来就陷入困境。古代圣贤憎恶这种混乱局面，所以制定礼义来区分人的等级界限，用来适度满足人们的欲望和追求，使人的欲望不超过物资供应的限度，但物资供应不能无限度地满足人的欲望，这两方面互相制约并有所增长，这就是礼产生的原因。

荀子认为人生而有欲望，但是可以引导和节制，解决的办法就是制定礼义制度，规定礼貌仪节，节制不当的欲望，社会才能合理存在。所以说"礼"的起源是为了确定合理的分配，制止不合理的利益纷争。

《荀子》是战国末年著名唯物主义思想家荀况的著作，该书旨在总结当时学术界百家争鸣的盛况和他自己的学术思想。

【知识链接】

关于礼的起源，先贤们有多种说法，其中儒家经典《礼记·礼运》指出"夫礼之初，始诸饮食"，认为饮食活动中的行为规范是礼制的发端，而饮食活动首先要通过饮食器具来进行，因此饮食器具在礼制系统中很重要。青铜饮食器具在夏商周时期作为重要的礼器而存在，鼎也由此演变成国家政权的象征。

国内学界多认为"礼"最初是原始社会祭祀神灵、祈求幸福的一种宗教仪式。在甲骨文中，"礼"字写成"豊"形，形象地表达了人们在祭器中放上玉，以祭祀先祖神灵的情景。

相传周公在总结商朝灭亡的原因时，认识到要想治理国家，需要有一套治理国家、规范人们行为的制度。于是他将上古留传下来的、分散零乱的礼制加以整理、补充、修订，并给予充分的论证，使之系统化和规范化。

春秋时期，孔子认为《周礼》缺乏内在的道德基础和根据。在孔子看来，"礼"不过是人类道德生活的外在根据，"仁"才是人类道德生活的内在根据。所以孔子强调以"仁"释礼，即用"仁"来充实"礼"。

荀子相信人性是恶的。这里说的恶，是指人性中天生有七情六欲，有堕落的可能，因此要用礼来约束。荀子引礼入法，强调依靠"礼"的等级制度来规范个人利益和社会财富分配，并由此形成规范有序的社会秩序。荀子所强调的"礼"，已经超越一般的道德规范，具有"法"的刚性。

"礼义廉耻，国之四维。四维不张，国乃灭亡。"（《管子·牧民》）这是两千七百年前振兴齐国、成就霸业的一代英才管仲的千古名言。什么是"四维"？是指四股粗壮的绳子，也就是四根支柱。在管子看来，国家有四根支柱，一根柱子断了，大厦就要倾斜；两根柱子断了，大厦就要危殆；三根柱子断了，大厦就要倾覆；四根柱子断了，大厦就要倒塌。倾斜可以扶正，危殆可以转安，倾覆可以撑起，倒塌就没有办法了。而礼义廉耻是维系国家这座大厦不会倒塌的四根支柱。

礼义廉耻，国之四维

原文

相①鼠有皮，人而无仪②。人而无仪，不死何为③？

相鼠有齿，人而无止④。人而无止，不死何俟⑤？

相鼠有体⑥，人而无礼⑦。人而无礼，胡⑧不遄⑨死？

——《诗经·国风·鄘风·相鼠》

【注释】

① 相：视，看。

② 仪：威仪，指人的举止作风大方正派，具有尊严的行为外表。一说为"礼仪"。

③ 何为：为何，为什么。

④ 止：假借为"耻"。

⑤ 俟（sì）：等待。"不死何俟"为"俟何"，宾语前置。

⑥ 体：肢体。

⑦ 礼：礼仪，教养。

⑧ 胡：为何，为什么，怎么。

⑨ 遄（chuán）：快，迅速。

【解读】

老鼠有皮、有牙、有肢体，人如果没有礼、不懂礼，还不如去死。

《诗经·国风·鄘风·相鼠》全诗三章，将丑陋、狡黠、偷窃成性的老鼠与长着人形而寡廉鲜耻者作对比，讽刺那些连老鼠都不如的人，玷污了"人"这个崇高的字眼。礼是人类有别于禽兽的标志。

《诗经》是中国古代最早的一部诗歌总集，收集了西周初年至春秋中叶（前11世纪至前6世纪）的诗歌，共305篇。《诗经》的作者（绝大部分）已经无法考证，传为尹吉甫采集、孔子编订。

【知识链接】

人不能不知礼，不知礼即等同于禽兽。

《礼记·曲礼上》曰："鹦鹉能言，不离飞鸟；猩猩能言，不离禽兽。今人而无礼，虽能言，不亦禽兽之心乎？"

人和动物的区别是什么呢？孟子有一句名言："人之所以异于禽兽者几希。"（《孟子·离娄下》）就是说人和动物的差别，只有一点点，这一点点，就是人的道德。孟子认为人性中有四种善的根源：恻隐之心、羞恶之心、辞让之心、是非之心。它们分别对应四种非常珍贵的德性：仁、义、礼、智。

"不学礼，无以立。"（《论语·季氏篇第十六》）学礼是立身之本，不学礼，就无以立身。人不能像走兽那样活着。追求知识和美德，是从五千年的文明深处走来，带着历史芬芳的一种精神。

相鼠

原文

礼有三本①：天地者，生之本也；先祖者，类之本也；君师者，治之本也。无天地恶②生？无先祖恶出？无君师恶治？三者偏亡焉，无安人③。故礼上事天，下事地，尊先祖而隆④君师，是礼之三本也。

——《荀子·礼论》

【注释】

① 本：根本，本源，基础。

② 恶：疑问代词，怎么，如何。

③ 无安人：人们不得安宁。

④ 隆：尊重，尊崇。

【解读】

天地、先祖、君师为礼之三本：天地是生存的本源；先祖是人类的本源；君师是治国的本源。没有天地，怎么生存？没有先祖，怎么出生？没有君师，怎么治国？三者缺一，人们不得安宁。所以祭祀时，上祭天，下祭地，尊念先祖并推重君师，这就是礼的三个本源。

【知识链接】

古人祭天地、祭祖先、祭圣贤，代表的是传统价值观念的取向。祭天地源于对自然的崇拜，敬天地就是敬畏自然，任何人在大自然面前，都是那么渺小。北宋文学家苏轼在《前赤壁赋》里写道："寄蜉蝣于天地，渺沧海之一粟。"人在浩瀚的宇宙面前，就如同一只蜉蝣、一粒尘埃。而大自然馈赠给我们空气、阳光、水分，还有赖以生存的环境。尊重自然，保护自然，就是保护我们自己。

在很多老宅和祠堂里，我们至今仍然可以看见一个特别的牌位或者悬挂的卷轴，上面写着五个大字：天地君亲师。它们被供奉在正屋，接受人们的香火和跪拜。著名国学大师钱穆先生曾指出："'天地君亲师'五字，始见荀子书中。此下两千年，五字深入人心，常挂口头。"鲁迅先生在《且介亭杂文末编·我的第一个师父》一文中也写道："我家的正屋的中央，供着一块牌位，用金字写着必须绝对尊敬和服从的五位：'天地君亲师'。"

尊师重道是我国悠久的传统。汉明帝刘庄做太子时，博士桓荣是他的老师，后来刘庄继位做了皇帝，"犹尊荣以师礼"（《资治通鉴·汉明帝永平二年》），曾亲自到太常府去，让桓荣坐东面，像当年讲学一样，聆听老师的指教。还将朝中百官和桓荣曾经教过的学生，共计数百人召到太常府，向桓荣行弟子礼。桓荣生病，汉明帝就派人专程去慰问，甚至亲自登门看望。每次探望老师，汉明帝都是一进街口便下车步行前往，以表尊敬。进门后，拉着老师枯瘦的手，默默垂泪，久久不忍离去。

汉明帝尊师

原文

子曰："礼也者，理①也；乐也者，节②也。君子无理不动，无节不作。不能《诗》，于礼缪③；不能乐，于礼素④；薄⑤于德，于礼虚⑥。"

——《礼记·仲尼燕居》

【注释】

① 理：道理。

② 节：节制，法度。

③ 缪（miù）：通"谬"，谬误。

④ 素：质朴。

⑤ 薄：浅薄、低下。

⑥ 虚：空洞。

【解读】

孔子认为，所谓礼，就是道理；所谓乐，就是在言行上有节制。不讲道理的事君子不做，没有节制的事君子也不做。如果不懂得赋诗言志，礼节上就会出差错；如果能行礼而不能用音乐来配合，礼就显得质朴枯燥；如果道德低下，那么礼就只是空洞的形式了。

《礼记·仲尼燕居（yàn jū）》讲述孔子退朝闲居，为子张、子贡、子游三位弟子讲述什么是礼，礼的作用，以及礼与乐、诗与仁的关系等。

【知识链接】

燕居，退朝而处，闲居。通常贵族士大夫阶级的人闲下来才叫"燕居"。"燕居"时一般不谈公事。《论语·述而篇第七》说孔子"子之燕居，申申如也，夭夭如也"，指状态舒适又比较悠闲。

孔子在教学中很注重将礼、乐、诗联系在一起。"兴于诗，立于礼，成于乐。"（《论语·泰伯篇第八》）"兴于诗"，诗不是专指一本或一首特定的诗，而是指性情，强调的是人的主体性。"立于礼"，礼即理。礼与诗相比，一个讲理性，一个讲情感，一个比较客观，一个比较主观。好的情感可以启发人向上，但人的立身，不能全依靠情感，还得有理性。理性世界是由"理"撑立起来的，因此说立于礼。"成于乐"，乐不是专指哪一种音乐，而是指好的音乐所达到的和善优美的境界。在孔子看来，诗启迪心性，礼规范行为，乐陶冶性情，诗、礼、乐三者相互关联、相辅相成，共同完成人格精神的培养。

孔子教学

原文

礼也者，犹体①也。体不备②，君子谓之不成人。设之不当，犹不备也。礼有大，有小，有显③，有微④。大者不可损⑤，小者不可益⑥，显者不可揜⑦，微者不可大也。故经礼⑧三百，曲礼⑨三千，其致一也。

——《礼记·礼器》

【注释】

① 体：身体。

② 不备：不完整。

③ 显：明显。

④ 微：细小，细微。

⑤ 损：减少，伤害。

⑥ 益：水漫出来。增多，增加。

⑦ 揜（yǎn）："掩"的异体字，遮蔽。

⑧ 经礼：《周礼》。《周礼》六篇，其官有三百六十。

⑨ 曲礼：《仪礼》。指小的事仪，事仪有三千。

【解读】

礼，就好比是人的身体。身体如有缺陷，他就是不健全的人。礼如果用得不当，就好比身体有残缺一样。礼有大有小，有的很明显，有的被遮蔽。以大、以多为贵者就不可随便减少，以小、以少为贵者就不可随便增加，以高为贵者就不可随便遮掩，以下为贵者就不可随便装饰和加高。所以，虽然礼的纲要有三百条，礼的细则却有三千款，它们追求的都是一个"诚"字。

《礼记》是中国古代一部重要的汉民族典章制度书籍。据传是孔子的七十二弟子及其学生们所作，后经西汉礼学家戴圣编辑，汇成《小戴礼记》。该书共二十卷四十九篇，主要记载了先秦的礼制，体现了先秦儒家的哲学思想（如天道观、宇宙观、人生观）、教育思想（如个人修身、教育制度、教学方法、学校管理）、政治思想（如以教化政、大同社会、礼制与刑律）、美学思想（如物动心感说、礼乐中和说）等。《礼记》原本四十六篇，始于《曲礼》，终于《丧服四制》，因《曲礼》《檀弓》《杂记》三篇内容过长，所以大多版本将其分为上下篇，故有四十九篇之说。

【知识链接】

经礼三百、曲礼三千，是各种不同礼制的总体。

《周礼》是儒家经典，由西周时期著名政治家、思想家、文学家、军事家周公旦所著。相传周初共分封了七十多个小国，为了便于管理，维护宗法等级和统治秩序，周公为周朝制定了一系列的典章制度，统称为周礼。《周礼》内容极为丰富，包含礼、乐、法三个部分，以及各种名物、典章、制度等。

曲为细小的杂事，"曲礼"是指具体的礼仪规范。

小礼小节是一面镜子，也是一块试金石。

清朝康熙年间，安徽人张英任文华殿大学士兼礼部尚书。他老家桐城的官邸与吴家为邻，两家院落之间有条巷子，供双方出入使用。后吴家要建新房，想占这条巷子，张家人不同意。双方相持不下，将官司打到当地县衙。县官考虑到两家都是名门望族，不敢轻易了断。张家人一气之下写了封加急信送给张英，请求他出面解决。张英看了信后，认为应该谦让邻里，给家里回信写了四句话："千里家书只为墙，让他三尺又何妨？万里长城今犹在，不见当年秦始皇。"家人读信后主动让出三尺空地。吴家见状，深受感动，也主动让出三尺房基地，于是便有了今天的"六尺巷"。

六尺巷

原文

凡为人子之礼，冬温而夏清^①，昏定^②而晨省。在丑、夷^③不争。夫为人子者，三赐^④不及车马。故州、闾、乡、党称其孝也，兄弟亲戚称其慈也，僚友称其弟^⑤也，执友^⑥称其仁也，交游^⑦称其信也。见父之执^⑧，不谓之进不敢进，不谓之退不敢退，不问不敢对。此孝子之行也。

——《礼记·曲礼上》

【注释】

① 清（qìng）：凉。

② 定：指铺设安放床褥被枕等。

③ 丑、夷：众同辈。

④ 三赐：指封赐三次。在周代，官吏制度是分等级的，从一命到九命，每一命所享的待遇是不同的，都有各自特定的礼服和赏赐的东西，三命以上，就能拥有周王赏赐的车马。文中是因为父母在上，不敢享受如此的待遇。另一种说法认为这是指为人子者再三赠送别人东西，也不敢将车马赠予他人。

⑤ 弟（tì）：通"悌"，尊敬兄长，这里指以对待兄长的态度来对待同僚。

⑥ 执友：志同道合的朋友。

⑦ 交游：一般的交往者。

⑧ 父之执：和父亲有相同志趣的人，即父亲的友人。

【解读】

做儿女，要让父母冬天温暖，夏天清凉，晚上替他们铺床安枕，清早向他们问候请安。与平辈共处，不起争执。作为子女，不乘坐国君封赐三次的马车。这就是孝顺、善良、仁爱、诚实可靠的表现。看到父亲的友人，如果他不叫进前，就不要擅自进前；不叫后退，亦不要擅自后退；他若不问，亦不要随便开口。尊敬父辈，也是孝子应有的行为。

《曲礼》是《礼记》的一部分。《礼记》有四十九篇，《曲礼》是第一篇，所记内容多为日常生活中的细小礼仪。鉴于全文较长，所以又分为《曲礼上》和《曲礼下》。

【知识链接】

公元前 202 年，刘邦建立了西汉政权。刘邦的第四个儿子刘恒，即后来的汉文帝，对他的母亲很孝顺，从不怠慢。在其母亲生病、卧床的三年间，刘恒亲自为母亲煎药，并日夜守护在母亲的床前。只有在母亲睡着时，才趴在母亲床边睡一会儿。刘恒天天为母亲煎药，每次煎完，自己总要先尝一尝，看看汤药苦不苦，烫不烫，自己觉得差不多了，才给母亲喝。

汉朝的时候，有一个叫黄香的人，是江夏（今湖北境内）人。九岁时，母亲就去世了，他一个人不仅要照顾父亲，还要承担全部的家务劳作。炎热的夏日，黄香就用扇子对着父亲的帐子扇风，让父亲清凉爽快，避免蚊虫叮咬；寒冷的冬天，就用自己的身体温暖父亲的被子，让父亲睡得暖和。黄香的事迹流传到了都城，人们称赞说："天下无双，江夏黄童。"

"哀哀父母，生我劬劳……哀哀父母，生我劳瘁。"（《诗经·小雅·蓼莪》）父母生养了我，是多么辛苦劳累。

"一尺三寸婴，十又八载功。"（汉·刘安《劝孝歌》）从刚出生的婴儿开始，母亲要照顾我们到长大成人，整整十八年的辛苦操劳。

"辛勤三十日，母瘦雏渐肥。喃喃教言语，一一刷毛衣。"（唐·白居易《燕诗示刘叟》）

"百善孝为先"，是人生最好的修养！

黄香温席

原文

礼，经①国家，定②社稷③，序④民人，利⑤后嗣⑥者也。

——《左传·隐公十一年》

【注释】

① 经：经营治理。

② 定：安定。

③ 社稷：社为土神，稷为谷神，总称为社稷。古时君主都祭祀社稷，后来就用社稷代表国家。

④ 序：次序，有序。

⑤ 利：得到好处。

⑥ 后嗣：子孙后代。

【解读】

礼的作用是什么呢？一是可以安邦定国，二是使老百姓长幼尊卑排列有序。

《左传》是中国古代一部编年体史书。《左传》原名《左氏春秋》，汉朝时又名《春秋左氏传》。汉朝以后才多称《左传》。它与《公羊传》《榖（gǔ）梁传》合称"春秋三传"。相传是春秋末年左丘明为解释孔子的《春秋》而作。其中强调等级秩序与宗法伦理，重视长幼尊卑之别，以及"民本"思想，是研究先秦儒家思想的重要历史资料。

【知识链接】

礼在古代有多重含义：一是礼制，即作为政治与社会生活中的国家制度，包括等级制度和家族制度，建立"君臣、父子、夫妇、长幼、朋友"的等级秩序；二是礼义，是对社会行为规范及其价值的解释；三是礼仪，人际交往中的仪节，体现人之身份等级的仪则和行为规范。也就是说，礼是国家、社会、家庭结构和谐的制度；是个人的精神修养、行为规范、做事的准则；是推动实现社会统一的工具和纽带。

孔子在解答什么是礼的时候说："礼者何也？即事之治也。君子有其事必有其治。治国而无礼，譬犹瞽（gǔ）之无相与，伥（chāng）伥乎其何之？"（《礼记·仲尼燕居》）又说："礼之所兴，众之所治也；礼之所废，众之所乱也。目巧之室，则有奥、阼（zuò），席则有上下，车则有左右，行则有随，立则有序，古之义也。"孔子认为，礼就是做事的办法。治理国家而没有礼，那就好比盲人走路迷茫而不知往哪里走。他还借用日常生活中的一些事物和室内的摆设进一步说明，屋有堂与室之分，坐席有上下之分，乘车有左右之分，走路有先后之分，站立要各就其位，自古以来就是如此。如果没有这些区分，就会一片混乱。

"治国不以礼，犹无耜（sì）而耕也。"（《礼记·礼运》）是说治理国家如果不用礼，就好比耕田没有犁。

"人有礼则安，无礼则危。"（《礼记·曲礼上》）有了礼，就可以安稳有序，没有礼仪就会混乱危险。"红灯停，绿灯行"是一条交通规则，看似简单，实则在规范车辆、行人，维护社会安全方面有着十分重要的作用。

席则有上下，车则有左右，行则有随，立则有序，古之义也。

日常生活中的礼

原文

有子曰："礼①之用②，和③为贵。先王之道④，斯为美，小大由之。有所不行，知和而和，不以礼节之，亦不可行也。"

——《论语·学而篇第一》

【注释】

① 礼：礼节、仪式。礼制，法度。

② 用：运用、作用，以及它所具有的实际意义与价值。

③ 和：和谐，协调。

④ 先王之道：古代圣王治国之道。

【解读】

礼的功用就是遇事做得恰当和顺最为可贵。以前的圣明君主治理国家，最可贵的地方就在这里。他们做事，无论事大事小，都按这个原则去做。如遇到行不通的，就不能一味地追求和顺，而是要用礼法去节制它。在有子看来，推行"礼"的目的，在于追求社会和谐。这个和谐，既包括国家与民众的和谐，也包括君臣关系、官民关系的和谐，更包括社会上人与人之间的和谐。

"和为贵"高度概括了"礼"的根本精神。

《论语》是记录春秋时期思想家、教育家孔子及其弟子的言行的文集，是儒家的典范之作。全书共20篇492章，较为集中地体现了孔子的政治主张、伦理思想等。有子即有若，是孔子的学生，孔子思想的最有影响力的传播者之一。

【知识链接】

"礼"的本质是"和"，"和"是礼最主要的作用，是礼的目的。"和"

的本质就是关系的协调，强调人与人之间的和睦相处、人与自然的和谐相处。

《中庸·第一章》对"和"的解释是，"喜怒哀乐之未发，谓之中；发而皆中节，谓之和"。也就是说，喜怒哀乐没有发出来叫作"中"，发出来而又都符合礼仪分寸叫作"和"。

"君子和而不同，小人同而不和。"（《论语·子路篇第十三》）君子讲求和谐而不盲目附和，小人只求完全一致，而不讲求真正的和谐。"和而不同"是孔子思想体系中的重要组成部分。君子可以与他周围的人保持和谐融洽的关系，但他对待任何事情都必须经过自己大脑的独立思考，不会人云亦云，盲目附和。

"天时不如地利，地利不如人和。"（《孟子·公孙丑下》）

古时作战，自然气候条件、地理环境和人心的向背，是决定胜负的三要素，而"人和"是成功的关键。

"贵和"的价值取向就是崇尚人与自然、人与人之间和谐共处的精神。先王唐尧、舜帝、周文王、周武王，无论做什么事情都是为了让社会和谐，百姓富足、安居乐业、和和美美。

这种观念经过长期的历史积淀，成为中华民族精神的重要精髓。

和和美美

原文

不知命，无以^①为君子也。不知礼，无以立^②也。不知言，无以知人也。

——《论语·尧曰篇第二十》

【注释】

① 无以："无所以"的省略。

② 立：立身处世。

【解读】

不懂得天命，就不能做君子。不懂得礼仪，就不能有所建树。不懂得言论，就无法了解别人。"知命""知礼""知言"，是孔子向君子提出的立身处世的三点要求。

据《论语·季氏篇第十六》载，有一天，孔子独自站在庭院里，儿子鲤低着头、小步快步走过。孔子问道："学礼了吗？"鲤回答说："没有。"孔子于是教育儿子说："不学礼，无以立。"不学礼就不懂得怎样立身。鲤于是回去就开始学习礼义。孔子的学生陈亢听说这件事后，说自己从这件事情中懂得了学礼的道理，还懂得了君子不能偏爱自己的儿子。

【知识链接】

《论语·尧曰篇第二十》是《论语》的最后一章，主要讲述君子的人格。尧，指尧帝。《尧曰》是尧在禅让帝位时对舜讲的话。

中国古代历史上，自黄帝之后，黄河流域先后出现了三位部落联盟首领，即尧、舜、禹。

尧，中国上古部落联盟首领，传说中又称陶唐氏，发祥地在河东地区（今山西汾河流域的运城和临汾）。"茅茨（cí）不翦（jiǎn），采椽

（chuán）不斫（zhuó），粝粢（lì zī）之食，藜藿（lí huò）之羹，冬日麑（ní）裘，夏日葛（gé）衣。"（《韩非子·五蠹（dù）》）说的是尧的生活非常简朴，住的是用没有修剪过的茅草芦苇、没有刨光过的橡子盖起来的简陋房子，吃的是粗粮，喝的是野菜汤，冬天披块鹿皮，夏天穿粗麻衣。现山西临汾市南的伊村有"帝尧茅茨土阶"碑，茅茨土阶是古代的一种建筑造型，茅茨就是用茅草做的屋顶，土阶就是把素土夯实后筑成的方形高台，然后把房子建造在上面。临汾市有尧陵、神居洞等。

"尧舜禅让"，说的是尧在位时举荐舜作为自己的继承人的故事。那时没有父死子继的制度，而是选择贤能之人作自己的接班人。舜是贤能之人，做了不少的好事，赢得了大家的拥戴。"尧舜"并称，为上古的贤明君主，并成为圣人的代名词。

尧舜禹

德

原文

天行健①，君子以自强不息。

——《周易·乾卦》

地势坤②，君子以厚德载物③。

——《周易·坤卦》

【注释】

① 健：强壮有力，运行不息。

② 坤：八卦之一，卦形象地。

③ 厚德载物：深厚的德行，可载世间万物。

【解读】

《周易》认为，乾为马，用马象征天，形容自强不息；坤为牛，用牛象征地，诠释人的品德。天的运动刚强劲健，因此，君子处世，也应像天一样，永不停息、奋发图强、勇于进取、勇于开拓；大地厚实和顺，君子应增厚美德，容载万物。

"厚德"集孝、悌、忠、义、礼、信、诚等诸多道德于一身，是中华传统文化的精髓，也是中华民族生生不息、傲然屹立于世界民族之林的精神之源和力量之源。

古人预测未来发展变化的占卜著作，有《连山》《归藏》《周易》三部，现存于世的只有《周易》。

【知识链接】

"君子"是中华传统文化中的一个重要范畴，是传统中国人评价人品的重要尺度。传统君子人格可体现为"身心和谐的追求""人际关系的典范""天人一体的境界"等。

如何成为君子？

"有匪君子，如切如磋，如琢如磨。"（《诗经·国风·卫风·淇奥》）君子的自我修养就像加工骨器，切了还要磋；就像加工玉器，琢了还得磨。也就是说要达到君子的标准，必须不断地学习和实践、不断地扩展知识面、不断地提升自己。

孔子说："君子有三戒：少之时，血气未定，戒之在色；及其壮也，血气方刚，戒之在斗；及其老也，血气既衰，戒之在得。"（《论语·季氏篇第十六》）君子有三种事情应引以为戒：年少的时候，血气尚未宁定，要戒除对女色的迷恋；等到身体成熟了，血气方刚，要戒除与人争斗；等到老年，血气已经衰弱了，要戒除贪得无厌。又说："君子怀德，小人怀土；君子怀刑，小人怀惠。"（《论语·里仁篇第四》）君子所思是德行，小人所思是有利可图；君子心中想的是法，小人心中想的是侥幸。

自强不息、天道酬勤是成功的源泉。王羲之是著名的书法家，他从小刻苦练习书法，甚至连吃饭、走路都不停歇。没有纸笔，他就在身上写，久而久之，衣服都被写破了。有一次，他因为练字竟忘了吃饭，家人把饭送到书房，他竟然蘸着墨吃，吃得满嘴墨黑。王羲之还经常临池书写，时间长了，池水尽黑，人称"墨池"。现在浙江绍兴兰亭、永嘉西谷山和江西庐山归宗寺等地都有被称为"墨池"的名胜。

民国时期，梁启超在清华大学任教时，曾给当时的清华学子做了《论君子》的演讲，他在演讲中希望清华学子都能继承中华传统美德，并引用了"自强不息""厚德载物"等话语来激励清华学子。此后，清华人便把"自强不息，厚德载物"八个字写进了校规，后将其定为清华校训。

梁启超在清华大学演讲

原文

宽而栗①，柔②而立③，愿④而恭，乱⑤而敬⑥，扰⑦而毅，直⑧而温⑨，简⑩而廉，刚而塞⑪，强而义⑫。

——《尚书·今文尚书·虞书·皋陶谟》

【注释】

① 栗（lì）：通"慄"，严肃，恭谨。

② 柔：性情温和。

③ 立：有主见。

④ 愿：小心谨慎，含有怕事之意。

⑤ 乱：排乱解纷。

⑥ 敬：认真。

⑦ 扰：柔顺，意指能听取他人意见。

⑧ 直：正直。

⑨ 温：态度温和。

⑩ 简：大。

⑪ 塞：充实。

⑫ 义：道义，善。

【解读】

人要有九德：宽宏大量又严肃恭谨，性情温和而有主见，小心谨慎却不失庄重，聪明能干又敬业，柔和顺从但不失果断，正直而友善，从大处着眼又能从小处着手，刚强而务实，勇敢而符合道义。

《尚书》又称《书》或《书经》，《尚书》是"政书之祖、史书之源"。相传由孔子编纂而成，有些篇目由儒家弟子补充，以记言为主。自尧舜禹到夏商周，跨越两千余年。《尚书》分为虞书、夏书、商书、周书四大部分，秦代焚书，伏生冒着生命危险，暗将《尚书》等典籍藏在墙壁之夹层内，得以逃脱被焚烧的命运。秦亡汉立，伏生掘开墙壁发现尚有 29 篇保存完好，这便是中国古代史的宝贵资料《尚书》。

【知识链接】

"九德"是《尚书》中反复提及并提倡的九种品行标准，也是指导人们修身养性的九种道德规范。它十分重视性格或性情的平衡发展，强调性格或性情之间的相互补充、相互制约、相互矫正。在古人看来，大凡宽宏大量的人总会不太拘泥于小事，所以必须辅以严肃恭谨；性情温和的人有时可能会不敢坚持自己的意见，所以要强调能坚持主见，不畏强权。

《淮南子·氾论训》也说："故圣人之道，宽而栗，严而温，柔而直，猛而仁。"古人都把"宽"放在第一位，说明一个人的心胸宽广十分重要。

负荆请罪的故事大家都耳熟能详，说的就是蔺相如接连为赵国立功，赵惠文王十分信任他，拜他为上卿，地位在大将廉颇之上。廉颇很不服气，想着要当面让蔺相如难堪。蔺相如知道后，不仅不生气，反而吩咐他手下的人碰见廉颇手下的人，千万要让着点儿，不要和他们争吵。有一次他自己坐车出门，远远看见廉颇来了，就叫马车夫把车子赶到小巷子里，等廉颇走过去了再走。廉颇手下的人看见蔺相如这么让着自己的主人，更加得意忘形了，经常嘲笑蔺相如的手下。蔺相如却心平气和地劝他手下的人不要生气，并用团结才能强国的道理来说服手下人。廉颇知道后十分惭愧。于是有一天，他裸着上身，背着荆条，跑到蔺相如的家里去请罪。说自己是个粗鲁人，见识少，气量狭窄，只顾着自己的面子，把国家的安危都丢到一边了，实在惭愧，请蔺相如责打他。蔺相如赶紧把荆条扔在地上，双手扶起廉颇，给他穿好衣服，拉着他的手请他坐下，对他说："咱们两个人都是赵国的大臣，将军能体谅我，我已经万分感激了，怎么还来给我赔礼呢。"从此以后，廉颇与蔺相如，将相团结，结下了生死不渝的友谊。

负荆请罪

原 文

上善若水①。水善利万物而不争，处众人之所恶②，故几于道。

居善地③，心善渊④，与善仁⑤，言善信⑥，正善治⑦，事善能⑧，动善时⑨。夫唯不争，故无尤⑩。

——《道德经·八章》

【注释】

① 上善若水：最上等的善行，与水的表现相同。

② 恶（wù）：指低洼之地，讨厌的地方。

③ 居善地：居住时善于选择恰当的地方。这个地方指卑下之地，比喻低下的位置。

④ 渊：指圣人的思想境界如同深渊一样深邃难识。

⑤ 与善仁：与别人交往时非常仁爱。与，交往。

⑥ 信：诚信，诚实。

⑦ 正善治：从政时善于治理。正，通"政"。

⑧ 能：能力。

⑨ 时：时机。

⑩ 尤：过失，罪过。这里引申为灾难。

【解读】

上善若水，是一种比较高远的人生态度。最善的事物莫过于水，水滋润万物而不与他物争，总是处于为人们所鄙弃的、最低下的地方，所以，水最相似于"道"。水总是流向低凹的、最安全的地方，无倾覆之患，无色透明，可鉴万物，心地善良。施恩不求报是仁慈。水利万物，诚实和顺，表里如一，是诚信。水对万物一视同仁，最为公平。水的能力非凡，去污洗浊，行船渡筏，功用不可估量。正是因为水具有以上"七善"，水才没有过失。概言之，水的伟大有三：第一，水滋润万物生长，但水从不与其他事物争功；第二，水往低处流，不争高位；第三，水处低处，可容纳江河海洋。人的心灵也应该像水一样深邃明净，交友真诚友爱，说话守信用，为政有条有理，办事善于发挥能力，行动善于掌握时机。

老子对水的赞美，就是他贯穿于《道德经》全篇的"与世无争"的人生观。

《道德经》，又称《老子》《老子五千文》，共 81 章，5000 余言，分上下篇，老子著。老子姓李名耳，字聃，一字伯阳，或曰谥伯阳，生活在春秋时期，生卒年不详。老子为道家学派的创始人和主要代表人物。

【知识链接】

水是地球上一切生命起源的最重要元素之一。精卫填海、大禹治水、哪吒闹海等古代神话传说中，记载着不少人类与水之间发生的故事。

老子所处的时代，是人们理性对待水的时代。春秋晚期的哲人们，也充分注意到水的哲学价值。

孔子说："夫水，大遍与诸生而无为也，似德。其流也埤（bēi）下，裾拘（jū gōu）必循其理，似义。其洸洸（huàng，通"滉滉"，汹涌的样子。）乎不淈（gǔ）尽，似道。若有决行之，其应佚若声响，其赴百仞之谷不惧，似勇。主量必平，似法。盈不求概，似正。淖（chuò）约微达，似察。以出以入，以就鲜絜（洁），似善化。其万折也必东，似志。是故君子见大水必观焉。"（《荀子·宥坐》）意思是说，流水浩大，普遍地施舍给各种生物，好像"德"；它流动起来向着低下的地方，弯弯曲曲，但一定遵循那向下流动的规律，好像"义"；它浩浩荡荡没有穷尽，好像"道"；如果有人掘开堵塞物而使它通行，它随即奔腾向前，百丈深的山谷也不怕，好像"勇气"；它注入量器时一定很平，好像"法度"；它注满量器后不需要用刮板刮平，好像"公正"；它柔软地流到所有细微的地方，好像"明察"；

各种东西经过水的淘洗，便渐趋鲜美洁净，好像"善于教化"；它千曲万折而向东流去，好像"意志"。所以君子看见浩大的流水一定要观赏它。孔子在这里将水对应于人的德、义、道、勇、正、察、善、志等多种品行，赞美水之无惧无畏、不屈不挠、百折不回的进取精神。

海纳百川，有容乃大，以柔克刚，目标永恒！

海纳百川

原 文

君子宽而不僈①，廉而不刿②，辩而不争，察而不激，寡立③而不胜，坚强而不暴，柔从而不流，恭敬谨慎而容，夫是之谓至文。《诗》④曰："温温恭人，维德之基。"此之谓也。

——《荀子·不苟》

【注释】

① 僈（màn）：通"慢"，怠惰，懈怠。

② 刿（guì）：以刃伤人。

③ 寡立：鹤立鸡群。

④ 《诗》：《诗经》。

【解读】

君子宽宏大量，但不懈怠马虎；方正守节，但不尖刻伤人；能言善辩，但不去争吵；洞察一切，但不过于激切；卓尔不群，但不盛气凌人；坚定刚强，但不粗鲁凶暴；宽柔和顺，但不随波逐流；恭敬谨慎，但待人宽容。这可以称为最文雅、最合乎礼义的德行了。正如《诗经》所云：温柔谦恭是做人的道德根本。

【知识链接】

什么是道德的基石。孔子讲"仁"，孟子重"义"。"仁"重温和，"义"显刚毅。孟子认为君子"于仁也柔，于义也刚"，刚柔并济，合成道德。"仁"和"义"是君子的道德基础。

孟子认为，发怒作威，不算是有志气、有作为的男子。学过礼的人应该懂得，一定要恭敬，一定要谨慎。要做到"富贵不能淫，贫贱不能移，威武不能屈。"（《孟子·滕文公下》）也就是说，富贵不能使思想堕落，贫贱不能使操守动摇，威武不能使意志屈服，这才是有志气、有作为的男子。

公元1276年，南宋朝廷被迫向元军投降。文天祥得知消息后，痛哭流涕，仰天长叹。1278年，文天祥带兵到广东潮阳抗元，兵败被俘，途经伶仃洋时，以诗明志，挥笔写下"人生自古谁无死，留取丹心照汗青"（宋·文天祥《过零丁洋》）。元世祖很钦佩文天祥的为人，把他软禁起来，每天派人去轮番劝降，但都被文天祥骂走了。元世祖见劝降不成，就把他移送到兵马司衙门，给他戴上脚镣手铐囚禁起来。在狱中，文天祥写下了千古传诵的《正气歌》。几年后，元世祖决定亲自劝降文天祥。文天祥见了元世祖，不肯下跪。元世祖和颜悦色地劝说，还许以高官厚禄，文天祥斩钉截铁地拒绝了。在刑场上，文天祥面色从容，朝南方拜了几拜，凛然赴死。

正气歌

原文

入孝出弟^①，人之小行也；上顺下笃^②，人之中行也；从道不从君，从义不从父，人之大行也。

——《荀子·子道》

【注释】

① 弟（tì）：通"悌"，敬爱兄长。

② 笃：淳厚，诚实。

【解读】

在家孝敬父母，出外敬爱兄长，这是人的小德。对上顺从，对下厚道，这是人的中德。顺从正道而不顺从君主，顺从道义而不顺从父亲，这是人的大德。

【知识链接】

"小德川流，大德敦化。此天地之所以为大也。"（《中庸·第三十章》）"川流"是水，"敦"是敦厚，"化"是教化，小德好比川流归海，大德好比天地化育万物，敦厚纯朴而变化无穷，这就是天地之所以伟大的道理。

德才兼备，以德为先。立德、立功、立言，古人称为"三不朽"，其中把立德放在首位，说明立德在培养健全人格方面具有很重要的作用。无论将来从事什么工作，有什么样的成绩，塑造美好的品德是我们能给予孩子最好的礼物，也是孩子成人成才最有力的衡量标准。所以成才，首先要立德。如何立德？包括在课堂上认真听讲，在生活中努力实践，从自己做起，从小事做起，一点一滴积累，养成好思想、好品德，利己利人，利家利国。

司马光原本是个贪玩贪睡的孩子，为此他没少受先生的责罚和同伴的嘲笑，在先生的谆谆教诲下，他决心改掉贪睡的毛病。为了早早起床，他睡觉前喝了满满一肚子水，结果早上没有被憋醒，却尿了床，于是聪明的司马光用圆木头做了一个警枕，早上一翻身，头滑落在床板上，自然惊醒。从此他每天早早地起床读书，坚持不懈，终于成了一个学识渊博的大文豪，写出了巨著《资治通鉴》。

司马光的警枕

原文

志于道①，据于德②，依于仁③，游④于艺⑤。

——《论语·述而篇第七》

【注释】

① 道：道理，学说，方法，途径。

② 德：道德，品行。

③ 仁：古代的一种道德观念，其核心是人与人相亲相爱。

④ 游：熟练掌握六艺，优游其中，如同鱼儿自由自在地游于水中一样。

⑤ 艺：六艺，包括礼、乐、射、御、书、数。

【解读】

　　孔子认为，年轻人要有志于学习，提高品德修养，让自己的思想和行为都符合"仁"的要求，有爱心。熟练掌握礼、乐、射、御、书、数等六艺，如同鱼儿游于水中一般自在悠然，并通过熟练掌握技艺而获得自由和愉快。

　　道是方向，德是根本，仁是依据，艺是追求。

【知识链接】

　　两千多年前的大教育家孔子开创了平民子弟也可以上的私学。他把毕生所学都融入对弟子的教育当中，出现了三千弟子七十二贤人的盛况。教学内容以道德品行的教育为主：文，行，忠，信。另外，《诗》教是孔子教育的根本，也是传统文化教育的逻辑起点，"一切言教皆摄于《诗》"（近代·马一浮《复性书院讲录》）。翻开一部《左传》就可以看到，当时在上层社会，一开口就是"诗曰""诗云"，据研究，《左传》引用《诗经》达二百一十九条之多。

孔子教学的主要教材为"六经"，即《诗》《书》《礼》《易》《乐》《春秋》。"六经"中《乐经》已失传，所以通常称"五经"。《礼》指《大礼》《小礼》，后失传其一，更名为《礼记》。

"四书五经"是儒家学派的主要经典。"四书"指《大学》《中庸》《论语》《孟子》。

孔子还主张学习"六艺"。《周礼·地官司徒·保氏》称："而养国子以道，乃教之六艺：一曰五礼，二曰六乐，三曰五射，四曰五驭，五曰六书，六曰九数。"即礼、乐、射、御、书、数六种技艺。礼，即礼节，古代有五礼之说。五礼分别是：祭祀之事为吉礼，丧葬之事为凶礼，军旅之事为军礼，宾客之事为宾礼，冠婚之事为嘉礼。乐，即音乐，古代有六乐之说，六乐又叫作"六歌""六舞"，是六代的乐舞。射，即射箭的技术。御，即驾车的技巧。书，即书法（书写，识字，作文）。数，即理数、气数。

"六艺"偏重于才能和技术的训练，"六书"偏重于文化知识。

《礼记·内则》有云："十有三年，学乐、诵《诗》、舞《勺》。成童，舞《象》，学射、御。"古人十三岁时学乐、学《诗》，学习舞蹈、射箭与驾车。舞《勺》，是未成年人学习的一种舞蹈。学童十五岁成为少年，称"成童"，即长成大孩子了，可以开始学习武术、射箭等保家卫国的本领。

孔子教六艺

原文

子张问仁于孔子。孔子曰："能行五者于天下，为仁矣。"

"请问之。"曰："恭①、宽②、信③、敏④、惠⑤。恭则不侮，宽则得众，信则人任焉，敏则有功，惠则足以使人。"

——《论语·阳货篇第十七》

【注释】

① 恭：恭敬，谦慎。

② 宽：宽厚。

③ 信：信实。

④ 敏：勤敏。

⑤ 惠：慈惠。

【解读】

子张问什么是"仁"，孔子的回答是，必须做到恭、宽、信、敏、惠这五点，才能算作仁者。这五点代表着道德修养的五个方面，如果能切实要求自己行此五者，就可以成为仁者。

"恭"是外在的，"敬"是内在的，人与人之间要有基本的尊重。无论对方的地位、能力、贫富如何，都要平等对待。"宽"就是心胸宽广，容得下不同的观点和看法，面对别人的缺点和错误要有一颗宽容的心。"信"就是诚信。"敏"就是办事勤快，效率高。"惠"就是善待别人，尽己所能帮助那些需要帮助的人。

孔子重视求仁，他门下的弟子也致力于求仁，如樊迟、颜渊、仲弓、司马牛，以及本章提到的子张，都曾向孔子问过如何行仁道。

【知识链接】

"恭、宽、信、敏、惠"既分别体现了"仁"在某一方面的精神特质，又相辅相成，使"仁"变得立体丰满，由内及外，可见、可触、可行。

"恭则不侮"，恭敬他人则不被他人侮慢。北宋邢昺在《论语注疏》中说："言己恭以接人，人亦恭以待己，故不见侮慢。"自己恭敬地对待别人，别人也会恭敬地对待自己，所以不会被人侮慢。这也就是孟子所说的"敬人者，人恒敬之"（《孟子·离娄下》）。

据《左传》记载，鲁宣公二年，郑国公子归生接受楚国命令攻打宋国，宋国的华元率兵迎战。作战前，华元宰羊犒赏将士，却没有给车夫羊斟分羊肉。作战的时候，羊斟就说，前日分发羊肉由你做主，今天战车进退由我做主。羊斟故意把华元乘坐的战车赶进了敌人的阵地，结果宋军大败。

华元宰羊犒赏将士

原 文

爱人 ① 利物 ② 之谓仁。

——《庄子·外篇·天地》

【注释】

① 爱人：泛爱众人。

② 利物：物，自己以外的人或者环境。普利万物。

【解读】

爱别人而利益万物叫仁爱。

仁，就是爱护人民，力求有利于人民，集中体现了中国人民深厚的仁爱传统。庄子将"仁"推及万物："泛爱万物，天地一体也。"（《庄子·杂篇·天下》）

《庄子》，道家经典著作，由战国中期的庄周及其门徒后学所共著，汉代以后，被尊称为《南华经》。《庄子·外篇》全篇由十五个部分组成，大多以无为自然为宗旨，代表了庄子主要的哲学思想。

【知识链接】

史载，商太宰荡曾问仁于庄子，庄子回答："虎狼，仁也。父子相亲，何为不仁！"又问至仁，庄子回答："至仁无亲。"（《庄子·外篇·天运》）庄子认为，"仁"的本义为"亲"，即有直系血缘的双亲，这种血缘相亲，并非人类所专有，它是整个生物界的普遍规则。最高境界的"仁"是不偏不倚，忘亲忘爱，即"忘我"，这是最高的"仁"与"孝"。但最高境界的"仁"与"孝"又不在一个层次。

至仁无亲，即公而不偏，平等地关爱一切，大爱无私。

庄子还以孝敬父母为例，说明"仁"与"孝"的区别。他认为用爱心去行孝，很容易。使双亲顺适而忘掉你的爱心，就难一些。如果用自然的爱心，不亲不疏，使天下的人都很舒适而忘掉人与人之间的爱，那就更难了。他以"无为"的哲学理念，递进式提出了"孝"的六种境界，分别是：敬孝、爱孝、忘亲、亲忘我、兼忘天下、天下兼忘我。"忘亲"，说的不是忘记父母之恩，而是把父母当成无话不谈的朋友。"兼忘天下、天下兼忘我"，使天下人忘记自我，忘记自己的功德。古代圣贤以天下为公，勤政为民，为天下人谋福利，而又不为天下人所知。所以庄子又说："至贵，国爵并焉；至富，国财并焉；至愿，名誉并焉。是以道不渝。"真正的高贵，瞧不起爵位；真正的富有，瞧不上府库；真正的显扬，瞧不上世俗的名声。

汉武帝时期，苏武被困于匈奴，匈奴贵族先以名利引诱，后以严刑威胁。但苏武大义凛然，宁死不屈。匈奴贵族无计可施，便将苏武流放到北海无人处。苏武则"掘野鼠，去草实而食之"（《汉书·苏武传》）。在如此艰难的环境下，他仍持着汉朝的旌节，不屈节辱命。苏武在匈奴整整十九年，归汉时，已须发全白。

苏武被流放

原 文 ————————————————————————

　　仁者安①仁，知者利②仁。

　　　　　　　　　　　　　　　　　——《论语·里仁》

【注释】

①安：习惯。

②利：利益，好处。

【解读】 🌀

　　仁厚的人在行仁中得到平安喜乐，明智的人在行仁中得到利益好处，一想到作恶便觉得心里不安，仁若出于勉强，就是强仁。

　　每一个人都有仁心，然而人的习性不同，知仁的心理便不一样，孔子认为，实行仁德的人基本上具有上面三种不同的心理。

【知识链接】

　　"仁"是儒家学说的思想核心，儒家所说的"仁"主要是对人而言。《礼记·檀弓上》有云："君子之爱人也以德，细人之爱人也以姑息。"君子依照道德标准去爱护人，小人爱人则会无原则地迁就对方。

　　孔子认为，其一，宽人慈爱，对谁也不要生坏心，对所有的人都要仁爱。"樊迟问仁。子曰：'爱人'。"（《论语·颜渊篇第十二》）其二，爱亲、孝悌为仁之本。"孝弟也者，其为仁之本与！"（《论语·学而篇第一》）孝敬老人，敬爱兄长，这是仁的基础和根本。仁爱自己的亲人，也就会仁爱天下的老百姓。其三，"仁"是一种品格、境界。"知者乐水，仁者乐山。"（《论语·雍也篇第六》）聪明的人喜爱水，仁德的人喜爱山。其四，仁者博学、问思、笃志。"博学而笃志，切问而近思，仁在其中矣。"（《论语·子张篇第十九》）其五，"仁"在自己的内心，实现仁德是人的本分。"仁者安仁"（《论语·里仁篇第四》），安心于仁。其六，"仁"是礼的归宿。"人而不仁，如礼何？人而不仁，如乐何？"（《论语·八佾篇第三》）即礼归于仁，仁是本，礼是末；仁是体，礼是用；仁在前，礼在后。

少年时的舜，生活在十分恶劣的家庭中，遭遇过多次陷害，但他一直都很孝顺他的父亲、后母，友爱他那凶恶的弟弟，"以直报怨"，以公平正直来报答怨恨，拿恩惠来酬答恩惠。

孔子也说："何以报德？以直报怨，以德报德。"（《论语·宪问篇第十四》）孔子不同意"以德报怨"的做法，认为应当是"以直报怨"。这是说，不以有旧恶旧怨而改变自己的公平正直；孔子也不赞成"以怨报怨"，不赞成以一种恶意、一种怨恨、一种报复的心态去对待别人的不道德，否则这个社会将恶性循环，无休无止，那样我们失去的将不仅是自己的和谐、当今的和谐，还有子孙后代的和谐。"以德报德"，用感恩之心对待恩惠于我们的人、事、物。

少年时的舜孝顺父母，友爱弟弟

诚

原文

人之所助^①者，信^②也。

——《周易·系辞上》

【注释】

① 助：帮助。

② 信：真实，诚实，信誉，信用，信任。

【解读】

对一个人最有帮助的是诚信、信誉。

【知识链接】

据《论语·颜渊篇第十二》记载，子贡向孔子求教，如何治理政事。子曰："足食，足兵，民信之矣。"子贡曰："必不得已而去，于斯三者何先？"曰："去兵。"子贡曰："必不得已而去，于斯二者何先？"曰："去食。自古皆有死，民无信不立。"子贡问怎样治理政事，孔子认为备足粮食、充足军备、取信于民，这三者很重要，其中，取信于民最重要。

战国时期秦国商鞅实施变法图强，但又担心天下人不相信他，于是在国都集市南门立起一根高高的木杆。承诺如有人能够将木杆搬到北门，就赏给十金。百姓既惊讶又不相信，没有一个人去搬木杆。随后，商鞅又布告国人，能搬者给予五十金。有个大胆的人终于扛走了这根木杆，商鞅马上就给了他五十金，以表明诚信无欺。自此，新法得以顺利实施。后人以成语"徙木立信"比喻说到做到，取信于人。

清代乾隆年间，南昌城有一位名叫李沙庚的点心店主，最初，他以货真价实赢得顾客满门。但他赚钱后便开始掺假，不注重点心质量，于是生意日渐冷落。一天，书画名家郑板桥来店里购买点心，李沙庚惊喜万分，恭请其题写店名。郑板桥挥毫题定"李沙庚点心店"六字，墨宝苍劲有力。众人只是围观题字，还是无人进店。郑板桥所写的"心"字少了一点，李沙庚请求补写。郑板桥说："没有错啊，你以前生意兴隆，是因为'心'有了这一点，而今生意惨淡，正因为'心'少了这一点。"李沙庚听后惭愧万分，痛改前非。最后赢得了人心，赢得了市场。

言而无信则自取灭亡。烽火戏诸侯是中国历史上著名的故事。西周时期，周幽王为博褒姒一笑，命人点燃烽火台，谎称犬戎攻打王城，诸侯带兵来救驾，褒姒见此开怀大笑。周幽王因而又多次点燃烽火，欺骗诸侯。后来犬戎果真攻打镐京，各地诸侯再见烽火时都不相信，也不再出兵，周幽王被杀，西周灭亡。

城门立木

原文

尔^①无^②不信，朕^③不食言^④。

——《尚书·今文尚书·商书·汤誓》

【注释】

① 尔：你们。

② 无：不要。

③ 朕：我，秦始皇起成为皇帝的专用自称。

④ 食言：不讲信用，不履行诺言。

【解读】

商汤在出师讨伐夏桀之前，面对全体将士，在誓词中说，你们不要不相信，我不会言而无信。

公元前 1600 年，商部落的畜牧业发展得很快，到了夏朝末年，汤做首领的时候，商已经成为一个强大的部落。商汤看到夏桀的腐败，决心消灭夏朝。由于当时夏桀已是众叛亲离，所以很快被商汤打败，夏桀被流放，商取代了夏。

【知识链接】

"食言"，常用来批评言而无信的人。

据《左传·哀公二十五年》载，春秋鲁哀公二十五年六月，鲁哀公从越国回来，与前来五梧迎接他的大夫季康子、孟武伯会合，并且设宴饮酒，由孟武伯代表向哀公敬酒祝寿。孟武伯十分厌恶为哀公御车的宠臣郭重，在宴席上就问他：你为什么这么肥胖？当下季康子认为孟武伯说话失当，要罚他饮酒。而哀公因为季康子和孟武伯时常失信于他，于是指桑骂槐地说："是食言多矣，能无肥乎？"意思是，他把太多说出来的话又吃下去，怎么能不肥呢？这也是成语"食言而肥"的由来，指不守信用，说话不算话。

东汉建安时期，一代枭雄曹操发兵宛城讨伐张绣。此时麦子已熟，曹操下令："大小将校，凡过麦田，但有践踏者，并皆斩首。"有一次，曹操巡视兵营，正好经过一片麦田，骑马的士兵都下马绕行。然而就在这个时候，一声尖锐的鸟鸣惊了曹操的马，马带着曹操就往麦田深处奔去，曹操因此违反了自己下达的军令。为了诚信服人，曹操立马拔剑割下自己的头发，并传示三军："丞相踏麦，本当斩首号令，今割发以代。"此举一出，全军震撼，再也没人不遵守军令。（《三国志·魏书·武帝纪》）"身体发肤，受之父母，不敢毁伤，孝之始也。"（《孝经·开宗明义》）古人认为头发是从父母那里继承来的，随便割掉是最大的不孝。割发在当时是一种严重的惩罚。

曹操割发

原文

子曰："人而无信，不知其可也。大车无輗^①，小车无軏^②，其何以行之哉？"

——《论语·为政篇第二》

【注释】

① 大车无輗（ní）：大车指牛车。輗，牛车上车辕与横木连接处的活销，可衔接横木以驾牲口。

② 小车无軏（yuè）：小车指马车。軏，性质与輗同，用在马车上称軏。

【解读】

人不可以不讲信用。不讲信用，犹如车子没有横木销一样，车子没有横木销，就无法走动。孔子借用輗、軏比喻做人的关键是守信用，诚信是做人的根本。

【知识链接】

诚信，可诠释为：诚实、诚恳、信用、信任。它包括两层含义：一是要取信于人；二是对他人给予信任。只有诚恳待人，才能取得他人的信任；只有讲信用，才能有信誉。

曾子杀猪取信于子的故事，讲的就是做人要诚实守信的道理。曾子是孔子的得意门生。有一天，曾子的妻子要到集市上去，儿子哭闹着要跟去。曾妻哄儿子说："好乖乖，你别哭，你在家里等着，妈妈回来杀猪炒肉给你吃。"儿子听说有肉吃，就不随母亲去了。曾妻从集市上回来，只见曾子拿着绳子在捆猪，旁边还放着一把雪亮的尖刀，正准备杀猪，就慌了，赶快制止曾子说："我刚才同孩子说着玩的，并不是真的要杀猪呀，你怎么当真了？"曾子语重心长地对妻子说："孩子是欺骗不得的。孩子小，什么都不懂，只会学父母的样子，听父母的教训。今天你要是这样欺骗孩子，就等于教他说假话和欺骗别人。再者，孩子觉得母亲的话不可靠，以后你再讲什么话，他就不会相信了，对孩子进行教育也就很难了。你说这猪该不该杀？"妻子听了丈夫的一席话，后悔自己不该和孩子开玩笑，更不该欺骗孩子。既然答应杀猪给孩子吃肉，就要说到做到，取信于孩子。于是与丈夫一起动手杀猪，为孩子烧了一锅香喷喷的猪肉。

曾子的言行直接感染了孩子。一天晚上，曾子的小儿子刚睡下又突然起来了，拿起一把竹简向外跑。曾子问他去干什么，孩子说："这是我从朋友那儿借来的书简，说好了今天得还，再晚也要还给人家，不能言而无信啊！"

曾子杀猪

义

饭^① 疏食^② 饮水^③，曲肱^④ 而枕之，乐亦在其中矣。不义而富且贵，于^⑤ 我如浮云^⑥。

——《论语·述而篇第七》

【注释】

① 饭：吃。

② 疏食：粗粝的饭食。

③ 水：古代冷水为水，热水为汤。

④ 曲肱（gōng）：肱，手臂。曲肱，弯着手臂。

⑤ 于：对，对于。

⑥ 浮云：飘在空中的云。

【解读】

吃粗粮，喝冷水，弯着胳膊当枕头，乐在其中。用不正当的手段得来的富贵，对于我来讲就像是天上的浮云一样。

孔子提倡"安贫乐道"，认为有理想、有志向的君子，不会总是为了自己的吃穿住而奔波。同时，他还提出，坚决不接受用不正当手段获得的荣华富贵，这种荣华富贵对他来说毫无意义。

【知识链接】

"富与贵，是人之所欲也；不以其道得之，不处也。贫与贱，是人之所恶也；不以其道得之，不去也。"（《论语·里仁篇第四》）人必须以正当的方式获取富贵，摆脱贫穷。在贫富与道义发生矛盾时，宁可受穷也不会放弃道义，在这方面，孔子最得意的门生颜回堪称楷模。"一箪食，一瓢饮，在陋巷，人不堪其忧，回也不改其乐。"（《论语·雍也篇第六》）颜回用竹筒吃饭，用瓢饮水，住在穷陋的街巷里，人穷志不短，每天老老实实地读书，不惹是生非，不贪人钱财。但是有的人（包括孔子的个别学生）瞧不起他，把他当小偷来防备。凑巧一天孔门弟子中有人丢了东西，有人怀疑颜回，但又苦于没有证据，于是设计考察颜回。颜回迈出自家残破的大门时，忽然一锭金子从天而降，落在他的脚边。颜回见后，马上脱口问道："这是谁的金子？"喊了几声，没有人答应，拾起来一看，这锭金子旁边的一根竹简上写着"天赐颜回一锭金"几个字。颜回想老天爷为什么偏偏赐给我呢？一定是给错了，不能要。于是马上返回家中，拿了根竹简，在上面工整地写上"外财不富命穷人"七个字放到金子旁边，坦然地走了。颜回的这些举动，被躲在一旁的几个同学看见了，他们消除了对颜回的误会，对他更加敬重。孔子也十分赏识颜回安贫乐道的生活态度。

颜回拾金不昧

原文 ————————————————————————

故治国不以^①礼，犹^②无耜^③而耕也；为礼不本于义^④，犹耕而弗^⑤种也；为义而不讲之以学^⑥，犹种而弗耨^⑦也。

——《礼记·礼运》

【注释】

① 以：用。

② 犹：如同。

③ 耜（sì）：耕地农具。

④ 本于义：以义为根本。

⑤ 弗：不，没有。

⑥ 学：教育。

⑦ 耨（nòu）：锄草。

【解读】

治理国家不用礼，就好比耕田没有犁头。礼，不以义为根本，就如同耕了地而没有播种。以义为根本的思想，如果不讲解研习，就像种了地没有锄草一样。

以礼治国，以仁、义为本，是古代儒家的治国主张。

【知识链接】

"万事莫贵于义。"（《墨子·贵义》）坚持正义是最宝贵的。董仲舒亦说："天之生人也，使人生义与利。利以养其体，义以养其心。心不得义，不能乐；体不得利，不能安。义者，心之养也；利者，体之养也。体莫贵于心，故养莫重于义。义之养生人大于利。"（《春秋繁露·身之养重于义第三十一》）天降生了人类，让人产生了义和利的念头。利是用来给养自己身体的，义是用来修养自己内心的。心中没有义，就谈不上快乐；身体得不到利，就谈不上安适。身体没有内心重要，所以没有比修养身心更重要的了。儒家强调的是，人除了有物质需要还有精神需要，而精神生活的价值高于物质生活。

生与义之间也存在着既相互统一又相互矛盾的关系。人类的生活必须遵循一定的道德准则，但在一定条件之下，为了实践道德准则可以牺牲个人的生命。孟子说："生亦我所欲也，义亦我所欲也，二者不可得兼，舍生而取义者也。"（《孟子·告子上》）孟子还借鱼与熊掌的对比取舍，说明人在大是大非、生死关头面前，有所求，有所不求，有所舍，有所不舍的道理。为义即不能苟生。作为一个真正的人，决不能贪生怕死而行不义之事。

"风萧萧兮易水寒，壮士一去兮不复还。"（战国·荆轲《易水歌》）战国末年，秦国强兵压境，燕国危在旦夕，壮士荆轲为报燕太子丹的知遇之恩，决心不辞艰险去刺杀秦王。临行之日，太子丹等人在易水河边为荆轲送行，高渐离击筑，荆轲引吭高歌，歌声激越，情怀悲壮，"士皆瞋目，发尽上指冠"（汉·佚名《荆轲刺秦王》）。荆轲舍生取义刺杀秦王，与悲歌同载史册。

风萧萧兮易水寒,
壮士一去兮不复还。
探虎穴兮入蛟宫,
仰天呼气兮成白虹。

易水送行

原文

有行^①之谓有义，有义^②之谓勇敢。

——《礼记·聘义》

【注释】

① 行：德行。

② 义：合乎正义的行为与事情。

【解读】

　　义，在和平年代，是坚持正义和实施礼仪；在战争年代，义就是勇敢，奋勇作战，天下无敌。

【知识链接】

　　《吕氏春秋》记载了孔子门徒见义勇为的两个故事。

　　一个是"子贡赎人"。当时鲁国法律规定，如果有人将在外为奴的鲁国人赎回，则可从鲁国领取补偿金。子贡赎回鲁国人却放弃领受补偿，孔子却不以为然，他认为不能对人有过高的道德期待，如果大家争相宣传和学习子贡赎人而不领钱的事，那样就会导致以后没有人愿意踊跃地将为奴的鲁国人赎回国了。

　　另一个故事是"子路拯溺"。子路救了一个落水的人，获救者送了一头牛表示感谢，子路收下了。孔子非常高兴，他认为这样的做法形成风气后，鲁国今后一定会有越来越多的人乐于救援溺水者。也就是说善有善报是公平的，只有公平才会激励更多的人去见义勇为。

　　孔子还说："非其鬼而祭之，谄也。见义不为，无勇也。"（《论语·为政篇第二》）不是自己应该祭祀的鬼神，却去祭祀他，这是谄媚；眼见应该挺身而出的事情，却袖手旁观，这是懦弱。

子路拯溺

敬

不贵^①其师，不爱其资^②，虽智大迷^③。

——《道德经·二十七章》

【注释】

① 贵：尊重，重视。

② 资：供给，帮助，借鉴。

③ 迷：迷路，迷失。

【解读】

不尊重老师，不借鉴得失，即使聪明人也会变得糊涂。

【知识链接】

"古之学者必有师。师者，所以传道、受业、解惑也。"（唐·韩愈《师说》）人不是生下来就懂道理的，人必须经过学习才能懂道理，所以，人一定要有老师。自古圣贤都很尊敬老师，留下了不少尊师的名言与故事。如"国将兴，必贵师而重傅"（《荀子·大略》）；"事师之犹事父也"（《吕氏春秋·孟夏纪·劝学》）；"一日为师，终身为父"（《太公家教》）。

秦始皇焚书坑儒，落下千古骂名，可他尊敬老师的故事却鲜为人知。相传有一次秦始皇在文武群臣的护卫下，乘着车辇，浩浩荡荡地从碣石向东北的仙岛前进时，秦始皇不觉陷入对往事的追忆中，回想起自己幼年时期的老师如何教自己写"嬴"字，在自己觉得难写时，又是怎样举起荆条教训他。秦始皇感叹没有老师的严厉，就没有今天的自己。于是策马上岛，环视渤海，思绪万千，立即下马撩衣跪拜。原来是秦始皇看到岛上的荆条，想起自己的老师所用的荆条。见荆条，如见恩师，于是下拜。后来，人们就把这个岛称为秦皇岛。

　　宋代有个叫杨时的进士，为了丰富自己的学问，毅然放弃了高官厚禄，跑到河南颍昌拜程颢为师，虚心求教。后来程颢去世了，他自己也四十多岁了，但仍然立志求学，于是又跑到洛阳去拜程颢的弟弟程颐为师。程颢、程颐兄弟俩都是宋代极有学问的人。有一天，杨时与他的朋友游酢一起到程家去拜见程颐，正遇上程老先生闭目养神。老师睡着了当然不便打扰，于是他们就在门外等候。此时，天上正下着鹅毛大雪，但两人求师心切，依然恭恭敬敬地侍立一旁，不言不动。大半天过去了，程颐才慢慢睁开眼睛。一看门外的雪已经积了一尺多深了，杨时二人也成了雪人。这件事后来被传为学界佳话，也成为千百年来人们尊师重道的典范。成语"程门立雪"便出于这段佳话。

程门立雪

原 文 —————————————————

老①吾老②，以及③人之老；幼④吾幼⑤，以及人之幼。天下可运于掌。

——《孟子·梁惠王上》

【注释】

① 老：动词，敬爱。

② 老：名词，老人。

③ 及：推己及人。

④ 幼：动词，爱护。

⑤ 幼：名词，幼儿。

【解读】 ༄

尊敬自家的长辈，兼及尊敬别人家的长辈；爱护自家的小孩，兼及爱护别人家的小孩。孟子主张"推恩"，兼爱天下，做到了这一点，整个天下便会像在自己的手掌心里运转一样容易治理了。

孟子，名轲，战国时期鲁国邹人，鲁国庆父后裔，中国古代著名思想家、教育家，战国时期儒家代表人物，有"亚圣"之称，与孔子并称"孔孟"。

孟子及其门人著有《孟子》一书，即"四书"之一，记载孟子及其弟子的政治、教育、哲学、伦理等思想观点和政治活动。

【知识链接】

孟子为了进一步说明"推恩"的意义，引《诗经·大雅·思齐》"刑于寡妻，至于兄弟，以御于家邦"为例，指出人要先给自己的妻子做榜样，再推广到兄弟，再推广到家族和国家。推广恩德可以安定天下，不推广恩德连自己的妻子儿女都保护不了。

孔子也认为："故人不独亲其亲，不独子其子，使老有所终，壮有所用，幼有所长，矜寡孤独废疾者皆有所养。男有分，女有归。"（《礼记·礼运》）就是说，人不能只敬爱自己的父母，不能只疼爱自己的子女，而应使老年人能终其天年，中年人能为社会效力，幼童能顺利地成长，使老而无妻的人、老而无夫的人、幼而无父的人、老而无子的人、残疾人、生病的人都能得到供养。男子有职务，女子有归宿。天下为公，道不拾遗，夜不闭户，这就是理想的社会。

"无侮老成人，无弱孤有幼。"（《尚书·今文尚书·商书·盘庚上》这是盘庚告诫大臣的话，说明尊老爱幼是人类社会最基本的道德规范之一。

《礼记·乡饮酒义》对敬老与养老的要求很明确，如："六十者坐，五十者立侍以听政役，所以明尊长也。六十者三豆，七十者四豆，八十者五豆，九十者六豆，所以明养老也。民知尊长养老，而后乃能入孝弟；民入孝弟，出尊长养老，而后成教；成教而后国可安也。君子之所谓孝者，非家至而日见之也，合诸乡射，教之乡饮酒之礼，而孝弟之行立矣。"在酒宴上：六十岁以上的人坐着，五十岁的人站着侍候，听候使唤，这表示对年长者的尊敬。六十岁的人三个菜，七十岁的人四个菜，八十岁的人五个菜，九十岁的人六个菜，以表示对老人的奉养。百姓懂得尊敬年长者，懂得奉养老人，才能在家里孝顺父母、敬事兄长。在家里能够孝顺父母、敬事兄长，到社会上才能尊敬年长的人和奉养老人，然后才能形成教化。形成了教化，国家才能安定。君子教导人们孝顺父母、敬事兄长的办法，并不是挨家挨户每天不断地去耳提面命，而是在举行乡射礼时把人们召集起来，把乡饮酒礼演示给他们看，就可以树立起孝顺父母、敬事兄长的社会风气。

乡饮酒礼

原文

仁者必敬人。凡人非贤，则案①不肖②也。人贤而不敬，则是禽兽也；人不肖而不敬，则是狎③虎也。禽兽则乱，狎虎则危，灾及其身矣。《诗》④曰："不敢暴⑤虎，不敢冯⑥河。人知其一，莫知其它。战战⑦兢兢⑧，如临深渊，如履薄冰。"此之谓也。故仁者必敬人。

——《荀子·臣道》

【注释】

① 案：于是，就。

② 不肖：不才，不贤。

③ 狎（xiá）：戏弄。

④ 《诗》：引诗见《诗经·小雅·小旻》。

⑤ 暴：空手搏斗。

⑥ 冯（píng）：同"凭"，徒步涉水。

⑦ 战战：通"颤颤"，恐惧发抖的样子。

⑧ 兢兢：小心谨慎的样子。

【解读】

仁德之人必定尊敬别人。大凡一个人若无贤能，就一定无德才。别人贤能而不去尊敬他，就如同禽兽一样；别人没有德才而不去尊敬他，那就是在戏弄老虎。是禽兽就会作乱，戏弄老虎就会十分危险，灾难就会落到他身上。《诗经》告诫人们不要空手搏虎，徒步涉水过河，有勇无谋，鲁莽冒险。如果遇事不谨慎筹谋，随时都会有危险。

【知识链接】

孟子曰："君子所以异于人者，以其存心也。君子以仁存心，以礼存心。仁者爱人，有礼者敬人。爱人者，人恒爱之；敬人者，人恒敬之。有人于此，其待我以横逆，则君子必自反也。"（《孟子·离娄下》）孟子认为，君子与一般人不同的地方在于仁和礼。仁爱的人爱别人，礼让的人尊敬别人。爱别人的人，别人也会爱他；尊敬别人的人，别人也会尊敬他。假如有人对我蛮横无礼，作为君子首先要反躬自问，回过头来检查自己的言行得失。

孔子说："君子有三畏：畏天命，畏大人，畏圣人之言。小人不知天命而不畏也，狎大人，侮圣人之言。"（《论语·季氏篇第十六》）孔子认为，人须有三种敬畏：敬天，敬地，敬自己。敬畏天，就是要尊重大自然，保护与珍惜我们的生存环境，人与大自然之间也存在一种善有善报、恶有恶报的因果关系；敬畏地，地生万物，春播冬藏，地是母亲，是一切生命赖以生存的摇篮；敬畏自己，怀有一颗敬畏之心，平和温暖，守规矩，行事有约束，心中有信仰。

明太祖时期的宰相李善长倚仗着皇帝的宠幸，居功自傲，恣意妄为，而且待人严苛，常常睚眦必报。晚年的李善长不仅遭到御史大夫参奏弹劾，连其奴仆都纷纷告发他，又因他与胡惟庸谋反案牵连，导致其全家七十余口被诛杀，他为自己的骄傲自满付出了惨痛的代价。

如临深渊，如履薄冰

谦

初六，谦谦①君子，用涉大川②，吉③。

《象》曰："谦谦君子"，卑④以自牧⑤也。

——《周易·谦卦》

【注释】

① 谦谦：谦逊的样子。谦谦君子指态度恭俭、不事张扬的君子。

② 用：任用。涉大川，像涉越大江大河这样的重任。

③ 吉：吉利。

④ 卑：谦卑。

⑤ 牧：放养牲畜的人，作动词用时指对牛羊的放养、照管，引申为管束、管理。自牧，自我管理，自我修养。

【解读】

谦虚是君子应当具备的品德，谦虚的人可以委以像涉越大江大河这样的重任，这对于主方吉利。为什么能用以涉大川？因为谦谦君子不仅面对任何险阻，都不会受困，而且懂得"卑以自牧"的道理，即功高不自居、名高不自誉、位高不自傲，具有自我管理、自我学习、自我奋进的精神。

【知识链接】

谦虚是一种美德。《周易·谦卦》专门讨论谦虚这一道德品质。如："地中有山，谦。君子以裒（póu）多益寡，称物平施。"意思是说，山本来是高于大地的，但我们观察大山就会发现，再高的山，其实它的大部分也埋在泥土之中，且山虽高却不以高自居。做人就要像山一样，学会谦逊、谦虚。在这句话中，我们还可以学习到两个成语：一是衰多益寡，衰，即削减；益，即补充，补助。从多的一方取出一部分，加之于少的一方，比喻多接受别人的意见，弥补自己的不足。二是称物平施，意思是说称一称东西的轻重，平均分配于人。

正是因为《周易》对谦的推崇，谦的品格更为大众所接受、倡导和推广。

"汝惟不矜，天下莫与汝争能；汝惟不伐，天下莫与汝争功。"(《尚书·古文尚书·虞书·大禹谟》)你能够不夸耀自己的功绩，那天下就没有人会跟你争抢功劳。不骄傲，不争功，也就不会有人与你争功。不争功，反而功劳会永垂不朽。尧、舜、禹就是这样的人，他们觉得爱民如子是自己的本分，若能用自己的行为感动人民，就可以成为后世的榜样。

据《后汉书·冯异列传》载："诸将并坐论功，异常独屏树下，军中号曰'大树将军'。"当时随东汉光武帝平定天下的一位大将叫冯异，在许多武将开始争功的时候，冯异一句话都没有说，并走开独自坐在一棵树下，在他看来，平天下打仗是自己的本分。光武帝知道了这件事情后，很佩服冯异，封他为大树将军。冯异为人谦退不伐，淡泊功名，为世人所推崇。

该如何对待名利呢？老子说："知足不辱，知止不殆，可以长久。"(《道德经·四十四章》)追求名利，本无可厚非，但应做到知足、知止，就是要正正当当、合理合法，才不会落入"辱"和"殆"的境地，才可以长久。

大树将军冯异

原文

江海所以能为百谷王者①，以其善下之，故能为百谷王。

是以圣人欲上民，必以言下之②；欲先民，必以身后③之。是以圣人处上④而民不重⑤，处前而民不害⑥。是以天下乐推⑦而不厌⑧。以其不争，故天下莫能与之争。

——《道德经·六十六章》

【注释】

① 谷：小河流。百谷，数量众多的溪谷、溪流。百谷王者，河流汇聚的地方。

② 言下之：言辞谦下。

③ 后：后面。

④ 处上：居于上位。

⑤ 重：感到有压力。

⑥ 害：感到有妨碍。

⑦ 推：推举，拥戴。

⑧ 厌：厌弃，反对。

【解读】

江海处于低处，所以能接纳无数山谷的水而形成江海。圣人想要统治人民，必须对人民言语谦虚恭谨。想要在前面领导人民，必须把自己的利益放在后面，让人民不感到有重压，不感到害怕，这样天下人都乐于拥戴他而不感到厌倦。因为圣人不与人相争，所以天下也就没有人能够与他相争。

老子从观察自然现象之中，领悟到做人谦下和圣人治理天下的道理。

【知识链接】

观察自然，并效法自然是《道德经》思想的主要来源。

溪是山间低处汇聚泉水、雨水而形成的小水流；谷是两座山之间的空旷处，能汇聚溪流而形成河水；江是汇聚山谷的河水而形成的大河；海是汇聚江水而形成的大海。溪、谷、江、海，一个比一个更低，所以成就一个比一个更大。

海纳百川，有容乃大。

徐邈是三国时代曹操属下的尚书郎。他为官清廉，在地方当过几任太守，政绩卓越，民间口碑很好。曹叡即位后，因为凉州地处偏远，南面紧邻蜀国，就任命徐邈为凉州刺史，持节领护羌校尉。徐邈刚到任时，正好碰上诸葛亮出兵祁山，陇右三郡宣布倒戈归附。徐邈就派兵一举击败南安的叛军。其时河右地区干旱少雨，粮食经常歉收。徐邈一方面修整武威、酒泉一带的盐池，用盐来换取粮食；另一方面广开水田，招募穷苦百姓耕种。不久后，家家丰衣足食。徐邈还把民间私藏的武器收缴起来，存放在仓库里，大力倡导仁义，建立学校，明定训诫，禁止厚葬，断绝淫祀，百姓都真心归附。徐邈在和羌、胡族人交往时，也从来不追问其小过错，所以徐邈深受百姓敬畏和爱戴。凡是朝廷的赏赐，徐邈全部分给将士，一点也不拿回家中，他的老婆孩子经常衣服饭食不足。曹叡听说后很是赞赏，时常派人给他家中送去衣食等物。东晋史学家袁宏在《三国名臣序赞》中，用"形器不存，方寸海纳"来形容徐邈，意思是方寸那么大的地方，本来放不下什么东西的，竟然能像大海一样包罗万象。唐代李周翰在旁标注"方寸之心，如海之纳百川也"。成语"海纳百川"因此流传至今。

清朝政治家林则徐作对联"海纳百川，有容乃大。壁立千仞，无欲则刚"自勉。

海纳百川，
有容乃大。
壁立千仞，
无欲则刚。

林则徐

原文

孔子曰:"吾闻宥坐^①之器者,虚则欹^②,中则正,满则覆^③。"孔子顾谓弟子^④曰:"注水焉。"弟子挹水而注之,中而正,满而覆,虚而欹,孔子喟然而叹曰:"吁!恶^⑤有满而不覆者哉!"

——《荀子·宥坐》

【注释】

① 宥坐:宥,同"右"。坐,同"座"。宥坐,放在座位右边以警诫自己。

② 欹(qī):倾斜。

③ 覆:翻转,倒出。

④ 弟子:学生,这里指子路,即仲由。

⑤ 恶:疑问代词,怎么,如何。

【解读】

孔子有一次在鲁桓公的庙里参观,看到有一个倾斜的器皿放在那里,于是就问守庙的人:"这是什么器皿?"守庙的人说:"这是君主放在座位右边用来警诫自己的器皿。"孔子说:"我听说君主座位右边的器皿,空着就会倾斜,灌入一半水就会端正,灌满水就会翻倒。"并让学生试着向里面灌水。学生舀了水去灌它,灌了一半就端正了,灌满后就翻倒了,空了就倾斜着。孔子感慨地叹息道:"哪有满了不翻倒的呢?"

【知识链接】

《荀子·宥坐》是荀子及其弟子记录关于孔子的一些事情的文章。

欹器是种很古老的陶器,类似于尖底的碗,其特点是空着时只能歪斜地放着,注入一半左右的水,就可端正地摆放,注水太满,它就会翻倒,把水都倒出来,古人借此器自勉。孔子借欹器教育学生,一个人不学无术,腹中空空，就不能自立；只有不断学习、掌握知识，才能立得稳、站得直；学无止境，不能自满，自满就会跌倒，前功尽弃。

管仲在《管子·法法》中说："凡论人有要：矜物之人，无大士焉。彼矜者，满也；满者，虚也。满虚在物，在物为制也。矜者，细之属也。"评价人总得有一定的标准，那些骄傲自大的人是不可能成为杰出人物的。水满了，就容易流失。自满的后果则一定是虚空不塞，这是自然界一切事物存在与发展的一般规律。骄傲自大的人，在社会上通常属于品德欠缺、人格渺小的那一拨。

欹器

俭

原文

君子以俭德①辟②难，不可荣③以禄④。

——《周易·否卦》

【注释】

① 俭德：以俭为德。

② 辟：同"避"，回避，躲开。

③ 荣：荣华富贵。

④ 禄：俸禄，爵位。

【解读】

君子要以勤俭之德避难，不追求荣华富贵，不谋取高官厚禄。

【知识链接】

节俭是中华民族的优良传统，历史上留下了不少警世名言，如："审度量，节衣服，俭财用，禁侈泰，为国之急也"（《管子·八观》）；"强本而节用，则天不能贫"（《荀子·天论》）；"言有德者皆由俭来也"（宋·司马光《训俭示康》）；"静以修身，俭以养德"（三国·诸葛亮《诫子书》）；"取之有度，用之有节，则常足；取之无度，用之无节，则常不足"（唐·陆贽《均节赋税恤百姓六条其二》）；"成由勤俭破由奢"（唐·李商隐《咏史二首·其二》）；"富国之术，不在乎聚敛而在惜费"（宋·辛弃疾《九议》）。

西汉"文景之治"的一个重要特点就是提倡节俭，严禁浪费。文帝在位二十多年，宫室园林、车马侍从，均无增加。文帝本想做一个露台，发现要花费百金，便放弃了。景帝也不断减少自己的开支，从不接受也不许地方进献贡品，否则以盗窃论处。文景二帝常穿粗布衣服，后宫妃嫔也不准穿拖地长衣，帷帐不准用贵重的丝织品。

历史上有很多有识之士以节俭为荣，以奢侈为耻。司马光讲学期间，力行节俭，不求奢靡。"公每五日作一暖讲，一杯，一饭，一面，一肉，一菜而已。"（《懒真子录·卷第一》）苏轼告诉家人，每顿饭只饮一杯酒，吃一荤菜。若有贵客来访，也不过三荤，只能少不能多。若是别人请客，也先告诉他人，不要超标。若他人不答应，就干脆不去。陆游对饮食讲求"粗足"，力求清淡。

在朱元璋的故乡凤阳，至今还流传着四菜一汤的歌谣："皇帝请客，四菜一汤，萝卜韭菜，着实甜香；小葱豆腐，意义深长，一清二白，贪官心慌。"说的就是朱元璋给皇后过生日时，只用红萝卜、韭菜、青菜、小葱豆腐汤，宴请众官员。而且约法三章，今后不论谁摆宴席，只许四菜一汤，谁若违反，严惩不贷。

南宋文学家陆游在《放翁家训·序》中说："天下之事，常成于困约，而败于奢靡。"南宋理学家朱熹在《朱子家训》中告诫子孙说："一粥一饭，当思来处不易；半丝半缕，恒念物力维艰。"晚清名臣曾国藩在家书中说的最多的就是勤俭戒奢，并终身实践"简俭"，一件衣服穿了三十年。

罗汉补衣搔背图

原文

俭①，德之共②也；侈③，恶④之大也。

——《左传·庄公二十四年》

【注释】

① 俭：节省，节俭，俭朴。

② 共（hóng）：大。

③ 侈：浪费，奢侈。

④ 恶：邪恶，坏的，不好。

【解读】

节俭，是一切美德中最大的德；奢侈，是一切邪恶中最大的恶。

【知识链接】

诸葛亮在《诫子书》中说："夫君子之行，静以修身，俭以养德。非淡泊无以明志，非宁静无以致远。"君子的品行，于静处提高自己的修养，以节俭努力培养自己的品德。不恬淡寡欲就不能显现出自己的志向，不宁静安稳就不能达到远大的目标。

南宋理学家朱熹一生淡泊名利，安守清贫。一次，他去看望女儿女婿，不料女婿不在家，女儿留他吃饭。因家中贫困，女儿只能端出几碗大麦饭和一碗葱汤，很是愧疚。朱熹却不以为意，开开心心地吃饭，并告诉女儿俭朴度日是良好家风，对于饮食，不要计较多少和好坏。吃完饭后，他还题了一首诗："葱汤麦饭两相宜，葱补丹田麦疗饥。莫谓此中滋味薄，前村还有未炊时。"（宋·朱熹《诗慰女儿贫》）

女婿回来后，对岳父的俭朴之风与仁爱之心大为感动，便将此诗作为家训，悬挂于书房。

北宋史学家司马光的一生也十分俭朴，并把节俭作为教子成才的重要内容。古代家训中的名篇《训俭示康》便是他结合自身经历与认识所作。在文中，他自述"平生衣取蔽寒，食取充腹"，"众人皆以奢靡为荣，吾心独以俭素为美"，并教育儿子"由俭入奢易，由奢入俭难"，"君子寡欲，则不役于物，可以直道而行"。在他的熏陶下，其侄司马康因为人廉洁和生活俭朴而受后世称赞。

清代学者金缨的《格言联璧》中的《持躬类》章节里，也阐明了"俭"与"侈"对一个人修身养性的影响："俭则约，约则百善俱兴；侈则肆，肆则百恶俱纵。"意思是说节俭就会有节制，有节制则百善都会兴起；奢侈就会放肆，放肆则百恶都会跟从。

朱熹题诗

原 文

俭^①节则昌，淫^②佚^③则亡。

——《墨子·辞过》

【注释】

① 俭：节省。

② 淫：过度沉溺。

③ 佚（yì）：放恣而无所节制。

【解读】

在财物使用上有所节制，就能使国家富强；过于沉溺于嗜欲，不能约束自己，结果必然败亡。

墨子，名翟，春秋末战国初宋国人，墨家学派的创始人，是中国古代唯一一个平民出身的哲学家。墨子死后，其弟子完成了《墨子》一书。

【知识链接】

墨子主张"节俭"与"节用"。如："当为衣服，不可不节"（《墨子·辞过》）；"冬以圉（yǔ）寒，夏以圉暑"（《墨子·节用上》），只要求衣服冬天能够保暖御寒，夏天能够使人感觉凉爽就够了；"当为食饮，不可不节"（《墨子·辞过》），饮食的目的是求饱，没有必要追求山珍海味、稀奇怪异的食物；"当为宫室，不可不节"（《墨子·辞过》），房屋只要能除湿潮、遮风雨、别男女就可以了；"当为舟车，不可不节"（《墨子·辞过》），造车以载重、行至远方、安全为目的，而不应追求其外观的奢华。在墨子看来，能否做到勤俭，是关系到国家生存败亡的大事，不可轻视。国家的富强既需要创造丰富的物质财富，还需要用节约的态度使用财富。

身处大唐盛世的魏徵，也经常规劝皇帝"居安思危，戒奢以俭"

（唐·魏徵《谏太宗十思疏》），以实现国家的长治久安。

"侈而堕者贫，而力而俭者富。"（《韩非子·显学》）奢侈而懒惰的人贫穷，勤劳而节俭的人富有。

勤俭节约常与社稷兴衰相联系。"历览前贤国与家，成由勤俭破由奢。"（唐·李商隐《咏史二首·其二》）诗人纵观历史长河，从前贤治国理家事件中，得出经验教训。

据《晋书·傅咸传》载，西晋文学家傅咸看到时俗非常奢侈，便上书朝廷说，粮食和绢帛的生产很不容易，人们不注意节约，必然会出现断粮缺绢的时候。傅咸还表示，"奢侈之费，甚于天灾"。

唐代诗人李绅从"四海无闲田"的丰收景象里看到"农夫犹饿死"的残酷现实，将"盘中餐"的粒粒粮食与农民在烈日之下的汗水联系在一起，凝成了"粒粒皆辛苦"的名句。

春种一粒粟，秋收万颗子。
四海无闲田，农夫犹饿死。

锄禾日当午，汗滴禾下土。
谁知盘中餐，粒粒皆辛苦。

粒粒皆辛苦

原 文

二人同心，其利 ① 断 ② 金。同心之言，其臭 ③ 如兰。

——《周易·系辞上传》

【注释】

① 利：锋利。

② 断：截断。

③ 臭（xiù）：气味。

【解读】

　　两个人同心协力，就像利刃一样可以截断金属；心意相通的语言，它的气味就像兰花一样芳香。

【知识链接】

　　"众心成城，众口铄金。"（《国语·周语下》）众人一心，就如同坚固的城墙；众口一词，可以熔化金属。"千人同心则得千人力；万人异心则无一人之用。"（《淮南子·兵略训》）讲的就是团结的力量。

　　"天时不如地利，地利不如人和。"（《孟子 · 公孙丑下》）天时，指有利的时令、气候条件。地利，指有利的地理条件。人和，指上下团结、士气旺盛。孟子认为，在"天时""地利""人和"三者中，"人和"是决定战争胜负的关键。为了论证这一观点，他首先说明"三里之城，七里之郭，环而攻之而不胜"的原因是"天时不如地利"。接着他又连用四个否定式排比句，即"城非不高也，池非不深也，兵革非不坚利也，米粟非不多也"，结果却是"委而去之"，来说明"地利不如人和"。

秦襄公七年，周王室内讧，导致戎族入侵，攻进镐京，周王朝土地大部沦陷。秦国与周王室休戚相关，遂奋起反抗。《诗经·国风·秦风·无衣》以"岂曰无衣？与子同袍……岂曰无衣？与子同泽……岂曰无衣？与子同裳"歌颂秦国战士团结友爱、休戚与共、同仇敌忾的精神。同时也说明了"万人操弓，共射一招，招无不中"（《吕氏春秋·孟春纪·本生》）的道理。

蚂蚁能将比自己大若干倍的食物搬到住处，是因为它们会想办法通知同伴，然后同心协力把食物搬回家，这就是"团结就是力量"的典范。

人心齐，泰山移。独脚难行，孤掌难鸣。水涨船高，柴多火旺。三个臭皮匠，赛过诸葛亮。

一滴水很渺小，融入大海，立即会与汹涌的海浪奔腾起来。

蚂蚁同心协力把食物搬回家

原 文

　　子曰："知几 ① 其神乎！君子上交 ② 不谄 ③ ，下交 ④ 不渎 ⑤ ，其知几乎？"

——《周易·系辞下传》

【注释】

① 几：微妙，细微。

② 上交：与地位高的人结交。

③ 谄（chǎn）：谄媚，奉承，讨好。

④ 下交：与地位低下的人结交。

⑤ 渎（dú）：轻侮。

【解读】

　　孔子强调君子要文质彬彬、不亢不卑，在人际交往中不论贵贱，都应保持既有礼又自尊的君子风度，一视同仁地对待上下级，即对上级不巴结谄媚，对下级不欺侮轻视，这是人际交往中的一条准则。如果身居高位是靠自己谄媚得来的，那么必然上行下效，沆瀣一气，其结果也必然是轻则祸及自身，重则祸乱天下。献谄，在当时看来或许只是一件小事，但以小见大，见微知著，如能看明白这一点，采取行动，就可以避免危机的发生。

【知识链接】

　　据《后汉书·吴祐列传》记载："时公沙穆来游太学，无资粮，乃变服客佣，为祐赁春（chōng）。祐与语大惊，遂共定交于杵臼之间。"公沙穆，东汉人，穷苦而好学的读书人，入京城太学深造，因无钱交太学费用，到一位叫吴祐的富户家做春米工人。吴祐曾任齐国大官，他发现公沙穆举止斯文有礼，学识渊博，于是不顾贫富悬殊，与公沙穆成为朋友。人们以

"杵臼之交"比喻交朋友不计较贫富和身份。

西晋大臣周处在《风土记》中有云："卿虽乘车我戴笠，后日相逢下车揖；我步行，卿乘马，后日相逢卿当下。"乘车的人和戴斗笠的人结交，比喻不分贵贱贫富的友谊，结为车笠之交。

古人不仅留下了不少交友的佳话，还留下了丰富的关于描写朋友之交的词语，如："布衣之交"，指普通老百姓结交的朋友；"患难之交"，指在逆境中结交的朋友；"金石之交"，指像金石般坚固的交情，情谊契合、亲如兄弟的朋友；"莫逆之交"，指非常要好或情投意合的朋友；"管鲍之交"是春秋时齐人管仲和鲍叔牙的故事，指交情深厚的朋友；"竹马之交"，指幼年相交的朋友；"肺腑之交"，指交情深厚的朋友；"忘年之交"，指年岁差别大、行辈不同而交情深厚的朋友；"胶漆之交"，指亲密无间的朋友；"生死之交"，指生死与共的朋友；"刎颈之交"，指哪怕砍头也不改变友谊的朋友；"君子之交"，指平淡如水，不尚虚华，在道义上互相支持的朋友；"邂逅之交"，指无意中相遇而结成的朋友；"一面之交"，指只见过一次面，交情不深的朋友；"点头之交"，指仅点头打招呼、感情不深的朋友；"泛泛之交"，指平淡而泛泛交往的朋友；"半面之交"，指见过一次面但不熟悉的人；"酒肉之交"，指吃喝玩乐结交的朋友；"小人之交"，指可以同富贵不能共患难的酒肉朋友。

车笠之交

原 文

子路曰："愿①车马衣轻裘②，与朋友共③，敝④之而无憾⑤。

——《论语·公冶长篇第五》

【注释】

① 愿：自愿，希望。

② 裘（qiú）：皮衣。

③ 共：共同享受。

④ 敝：破旧，破烂。

⑤ 憾：遗憾，后悔。

【解读】

孔子与学生们交谈，各抒己见，子路说他愿意把自己的车马、衣服与朋友共享，即使用坏了，也没有怨言。后"车马轻裘"成为荣华富贵的代名词，也用来比喻有难同当，有福同享。

子路，又字季路，是孔子的得意门生。除学"六艺"外，还为孔子赶车，做侍卫，跟随孔子周游列国。他敢于对孔子提出批评，勇于改正错误，深得孔子器重。子路性格爽直，为人勇武，信守承诺，忠于职守，以擅长"政事"著称，人称"先贤仲子"。

【知识链接】

《论语》开篇第一句就是"学而时习之，不亦说乎？有朋自远方来，不亦乐乎？"（《论语·学而篇第一》）在孔子看来，学习与有朋友都是让人高兴的事情。曾子说："君子以文会友，以友辅仁。"（《论语·颜渊篇第十二》）古代文人交友轻财物，重情谊才学，所以多以诗文相互赠答，在宴饮等聚会时，有酒有诗，尽觞赋诗成为一种礼俗。东晋书法家王羲之的

《兰亭集序》记录的就是东晋永和九年（公元353年）暮春三月的一场文人盛会，众人流觞赋诗，成为千古佳话。

李白与杜甫，一个是诗仙，一个是诗圣，都是我国文学史上泰斗级的人物。李白年长杜甫十一岁，当时李白已经是名满天下的大诗人，杜甫只是默默无闻的小辈，但他俩相伴同行，对酒当歌，形同兄弟，成为忘年交。后虽各自飘零，但思念却常留心中，杜甫写下了大量对李白的思念之作，如《赠李白》《春日忆李白》《冬日有怀李白》《天末怀李白》《梦李白》等，直到晚年，杜甫还在天天盼望着"何时一樽酒，重与细论文"（唐·杜甫《春日忆李白》）。李白再一次游历齐鲁时，忆往思今，动情地写下了《沙丘城下寄杜甫》一诗："我来竟何事，高卧沙丘城。城边有古树，日夕连秋声。鲁酒不可醉，齐歌空复情。思君若汶水，浩荡寄南征。"面对没有杜甫同行的齐鲁之行，忍不住黯然神伤。"齐歌""鲁酒"再也提不起诗兴和酒兴，思友之情如同永不停息的河水，滔滔流淌。

李白与杜甫

朋友切切偲偲①，兄弟怡怡②。

——《论语·子路篇第十三》

【注释】

① 切切偲（sī）偲：互相恳挚批评勉励的样子。

② 怡怡：和悦的样子。

【解读】

　　朋友之间要互相切磋，互相督促，兄弟之间的关系要亲密和美。如果朋友之间不能互相鼓励、互相切磋，则不过是酒肉朋友而已。

【知识链接】

　　什么是朋友？唐代大学士孔颖达说过"同门曰朋，同志曰友"。古人说的"朋友"和现在说的"朋友"不是同一个概念。古时，"朋友"是两个概念，"朋"指在同一个老师门下学习的人，即现在的同学；"友"是志同道合的人，即现在的朋友。孔子在《论语》中所说的"朋"，即朋友，包括同学和朋友。《现代汉语词典》把"朋友"定义为"彼此有交情的人"。

　　怎样才能找到好朋友和留住好朋友呢？"交朋必择胜己者。讲贯切磋，益也；追随游玩，损也。"（宋·何坦《西畴老人常言·讲学》）交朋友一定要交比自己优秀的，这样才能互相切磋、受益。如果只会在一起游玩，有害无益。当然，人都有缺点。"与人交，推其长者，违其短者，故能久也。"（《孔子家语·致思》）与人交往，应回避对方的缺点，欣赏和学习对方的优点、长处。当你原谅和包容了他人的缺点时，他人也会从你的宽容中体会到真心诚意的爱和温暖，友谊也就可以长久了。

　　朋友之间贵在相知。"伯牙鼓琴，志在登高山。钟子期曰：'善哉！峨

礼义篇 ｜ 111

峨兮若泰山！'志在流水。钟子期曰：'善哉！洋洋兮若江河！'"（《列子·汤问》）春秋时期，俞伯牙精通音律，琴艺高超，是当时著名的琴师，钟子期虽然是个普通的樵夫，却擅长听音辨意。有一次，俞伯牙来到泰山北面游览时，突然天降暴雨，只好滞留在岩石之下，便拿出随身携带的古琴弹了起来。钟子期听后，连声叫好。两人因琴声相识，并结为知音，约好第二年再相会论琴。不幸的是，第二年钟子期因病去世，俞伯牙痛惜伤感，难以用语言表达，于是就摔破了自己从不离身的古琴，从此不再抚弦弹奏，以谢平生难得的知音。后来人们把这个故事概括为高山流水，用来比喻知己或知音难遇，也用来比喻音乐的高雅精妙。

高山流水

原 文

　　益者三友，损①者三友。友直，友谅②，友多闻③，益矣。友便辟④，友善柔⑤，友便佞⑥，损矣。

——《论语·季氏篇第十六》

【注释】

①损：害。

②谅：诚信。

③多闻：见闻广博。

④便（pián）辟：谄媚逢迎。

⑤善柔：当面奉承，背后诋毁。

⑥便佞（nìng）：巧言善辩，夸夸其谈。

【解读】

　　有益的朋友有三种，有害的朋友有三种。同正直的人交友，同诚信的人交友，同见闻广博的人交友，是有益的；同谄媚逢迎的人交朋友，同当面奉承背后诋毁的人交朋友，同巧言善辩的人交朋友，是有害的。

【知识链接】

　　《诗经·小雅·伐木》曰："嘤其鸣矣，求其友声。"山林中的鸟都会用鸣叫来寻求同伴，人也同样需要朋友。但与什么样的人交朋友，值得每个人慎重考虑与选择。"与善人居，如入芝兰之室，久而不闻其香，即与之化矣。与不善人居，如入鲍鱼之肆，久而不闻其臭，亦与之化矣。"（《孔子家语·六本》）孔子认为，和品德高尚的人交往，就好像进入了摆满芳香的芝兰花的房间，久而久之就闻不到兰花的香味了，这是因为自己和香味融为一体了；和品行低劣的人交往，就像进入了卖臭咸鱼的店铺，久而久之就闻不到咸鱼的臭味了，这是因为自己与臭味融为一体了。近朱者赤，近墨者黑。藏朱砂的地方就是红色的，藏油墨的地方就是黑色的，因此有道德修养的人必须谨慎选择交往的朋友和所处的环境。

孟子曰："不挟长，不挟贵，不挟兄弟而友。友也者，友其德也，不可以有挟也。"（《孟子·万章下》）不倚仗年龄大，不倚仗地位高，不倚仗兄弟的权贵去交朋友。交朋友，看中的是别人的品德，不应该倚仗别的什么。

庄子则认为"君子之交淡若水，小人之交甘若醴（lǐ）。"（《庄子·外篇·山木》）君子之交坦荡荡却心心相印，小人之交则是以利益为基础。

明代理学家苏浚在《鸡鸣偶记》中把朋友分成四类，告诫世人要交那些能够互相砥砺品行、直言规劝过失的"畏友"和以心相交、生死与共的"密友"，而不要交巧言令色、只讲吃喝玩乐的"昵友"和只可同甘、危难时却落井下石的"贼友"。

南宋理学家朱熹在《朱子家训》中指出："有德者，年虽下于我，我必尊之；不肖者，年虽高于我，我必远之。"他告诫子孙，道德品格好的人，即使比我年龄小，我也一定会尊重他；品格不好的人，即使比我年长，我也一定会远离他。

君子之交

修身

原文

三人行，必有我师①焉。择其善者而从②之，其不善者而改之。

——《论语·述而篇第七》

【注释】

① 师：值得效仿的人。

② 从：学习，效法。

【解读】

　　三人同行，其中一定有人可以做我的老师。我择取他们的优点而学习效法，看到别人的缺点，要借鉴改正。孔子主张向他人学习。

【知识链接】

　　唐代文学家韩愈在《师说》中提到："圣人无常师。孔子师郯（tán）子、苌弘、师襄、老聃（dān）。"孔子这么有学问的人都没有固定的老师。韩愈继续说："是故弟子不必不如师，师不必贤于弟子，闻道有先后，术业有专攻，如是而已。"学生也有强过老师的地方，每个人都有自己的专长。

　　相传春秋时期，孔子和他的学生周游列国。一天，他们驾车去晋国。一个孩子在路中央堆碎石瓦片玩，挡住了他们的去路。孔子说："你不该在路中央玩，挡住了我们的车。"孩子则指着地上说："请孔子看看地上的东西。"孔子一看，是用碎石和瓦片摆的一座城。孩子问道："应该是城给车让路，还是车给城让路呢？"孔子被问住了。这个孩子就是当时只有七岁的项橐（tuó）。后来孔子对学生们说："项橐七岁就懂礼，他可以做我的老师啊！"

《吕氏春秋·孟夏纪·尊师》中也提到，神农拜悉诸为师，黄帝拜大挠为师，帝颛顼（zhuān xū）拜伯夷父为师，帝喾（kù）拜伯招为师，帝尧拜子州支父为师，帝舜拜许由为师，禹拜大成贽（zhì）为师，汤拜小臣为师，文王、武王拜吕望、周公旦为师，齐桓公拜管夷吾为师，晋文公拜咎犯、随会为师，秦穆公拜百里奚、公孙枝为师，楚庄王拜孙叔敖、沈尹巫为师，吴王阖闾（lú）拜伍子胥（xū）、文之仪为师，越王勾践拜范蠡（lǐ）、文种为师。以上十位圣人、六位贤人，没有不拜师学习的。

项橐筑城

原文

名①与身②孰亲③？身与货④孰多？得⑤与亡⑥孰病⑦？是故甚爱⑧必大费⑨，多藏⑩必厚亡。知足不辱，知止不殆⑪，可以长久。

——《道德经·四十四章》

【注释】

① 名：美名。

② 身：身体。

③ 亲：亲近。

④ 货：财富。

⑤ 得：得到名利。

⑥ 亡：失去生命。

⑦ 病：害处。

⑧ 甚爱：过分喜爱。

⑨ 费：破费，损失。

⑩ 多藏：过多收敛。

⑪ 殆（dài）：危险。

【解读】

美名和身体健康相比，哪个更值得亲近？身体健康和钱财相比，哪个更值得重视？获得名利与丧失生命相比哪个更有害处？身体只有一个，拿去博取数不尽的钱财，其中的得失是显而易见的。过分地去追求名利，物极必反。名誉钱财皆为身外之物，取之有道，知足常乐。

【知识链接】

名气、名声、名誉，它们不过是人类社会对个人行为、作为、成就的鼓励，但都没有身体值钱。远古时代，人们茹毛饮血，天当帐，地当床，人类的所有活动都是为了生存的需要。财货的出现是为了满足人类基本的需要。随着社会的发展，财货的种类数不胜数——金钱、珠宝、土地、房屋等。如果付出大量的心血去过度地收敛财货，满足奢华的生活，以唯一的生命去换取无用的财货，是极不明智的选择。

老子的提问切中时弊，给那些为了攫取更多利益与钱财的人敲响了警钟。针对人类欲望无止境的劣根性，老子提出了"知足"和"知止"的观点。"知足"，指不为名利所累；"知止"，指适可而止。"知足知止"是悟"道"明"德"的基础。面对名利和财富时，要珍惜自身的价值和尊严，不可自轻自贱。

"非淡泊无以明志，非宁静无以致远。"《诫子书》是三国时期政治家诸葛亮写给儿子诸葛瞻的家书中的一句话，家人把这句话作为门联挂在诸葛草庐外。不追求名利，生活简单朴素，才能显示出自己的志趣；不追求热闹，心境安宁清净，才能达到远大目标。

诸葛草庐门联

原文

故天将降大任于是人也，必先苦其心志，劳^①其筋骨，饿其体肤，空乏^②其身，行拂^③乱其所为，所以动心忍性^④，曾^⑤益其所不能。

——《孟子·告子下》

【注释】

① 劳：劳动，劳苦。

② 空乏：穷困缺乏。

③ 拂：拂戾，违背。

④ 动心忍性：震动其心，坚忍其性。

⑤ 曾：同"增"。

【解读】

上天要把重大的任务交给你时，必定先磨砺你的心志，劳累你的筋骨，让你经受饥饿，尝贫困之苦，并且让你做事不顺利。只有让你内心受到震撼，性情更加坚韧，才干获得提升，才能完成你原来做不了的事情。

孟子认为，历史上许多肩负重大使命的伟大人物，都曾经饱经忧患，走过一段艰难困苦的人生旅程。如舜原来在历山耕田，三十岁时被尧起用，后来成了尧的继承人；傅说原在傅岩为人筑墙，后商王武丁任用他为相；胶鬲（gé）起初是卖鱼和盐的小贩，西伯（周文王）把他举荐给纣，后来他又辅佐周武王。所以说坎坷曲折的人生道路，艰难险恶的环境，不但不是坏事，反而能够磨炼人的意志，增长人的才干。

【知识链接】

春秋末期，越王勾践战败，带着妻子和大夫到吴国伺候吴王，放牛牧羊。三年后，勾践被释放回国，立志发奋图强，卧薪尝胆，他派文种管理国家政事，范蠡管理军事，自己到田里与农夫一起干活。经过十年的艰苦奋斗，越国终于兵精粮足，转弱为强。公元前 473 年，越王勾践率兵攻打吴国，取得胜利。正是因为勾践经受住了严峻的考验和锻炼，才一洗国耻，成就了一番伟业。

"宝剑锋从磨砺出，梅花香自苦寒来。"（《警世贤文·勤奋篇》）宝剑的锐利刀锋是通过不断的磨砺得到的，梅花飘香来自它度过了寒冷的冬季。拥有珍贵品质或出众才华是需要不断的努力和修炼，并克服一定的困难才能达到的。

唐代文学家韩愈亦有一句治学名联："书山有路勤为径，学海无涯苦作舟。"与上联有异曲同工之处。在读书、学习的道路上，没有捷径可走，没有顺风船可驶，想要在广博的书山、学海中汲取更多更广的知识，"勤奋"和"潜心"是两个必不可少的条件。孙敬是汉朝信都（今衡水市冀州区）人，他年少好学，博闻强记，而且嗜书如命。常常通宵达旦地看书学习，时间长了，有时不免打起瞌睡来。于是他将绳子的一头拴在房梁上，一头拴在自己的头发上，每当他累了困了想打瞌睡时，只要头一低，绳子就会猛地拽一下他的头发，他就会立即惊醒。他用这种办法刻苦学习，终于成为著名的政治家。

战国时期的苏秦，也是出名的政治家。但他年轻时学问不精深，得不到重视，家人也瞧不起他。于是他下定决心，发奋读书。常常读书到深夜，疲倦时就用锥子在自己的大腿上刺一下，使自己能保持清醒，坚持读书。后人用成语"悬梁刺股"比喻发奋读书，刻苦学习的精神。

孙敬头悬梁发奋读书

原 文

　　鲦鲄①者，浮阳②之鱼也，肤③于沙而思水，则无逮矣④。挂⑤于患而思谨，则无益矣。自知者⑥不怨⑦人；知命⑧者不怨天，怨人者穷⑨，怨天者无志⑩。失⑪之己，反⑫之人，岂⑬不迁⑭乎哉！

——《荀子·荣辱》

【注释】

① 鲦鲄（tiáo qiáo）：鱼名。

② 浮阳：浮在水上晒阳光。

③ 肤（qū）：通"岥"，阻隔遮拦。

④ 无逮矣：来不及了。

⑤ 挂：通"绔"，牵绊，阻碍。

⑥ 自知者：有自知之明的人。

⑦ 怨：埋怨。

⑧ 知命：懂得命运。

⑨ 穷：走投无路。

⑩ 无志：没有见识。

⑪ 失：过失，过错。

⑫ 反：反而。

⑬ 岂：难道。

⑭ 迁：远，拘泥守旧，不合时宜。

【解读】

　　鲦鲄是喜欢浮在水面上晒太阳的鱼，但搁浅在沙滩上再想得到水，就来不及了。遇到危险才想要小心谨慎，已于事无补。有自知之明的人不抱怨别人，掌握自己命运的人不抱怨天。怪怨别人的人会走投无路，埋怨老天的人是没有见识。错误在自己身上，反而责备别人，岂不是离事实太远了吗？

【知识链接】

春秋时期，孔子为实现自己的主张而忙碌奔波，但很少有人采纳他的政治主张，但孔子"不怨天，不尤人，下学而上达。知我者其天乎！"（《论语·宪问篇第十四》）他努力学习知识，透彻了解很多道理，相信老天会了解自己。

《论语·卫灵公篇第十五》中又说："躬自厚而薄责于人，则远怨矣。"人应该严格地反省自己，发现自己的缺点并加以改正，对别人则要宽厚，不要总是盯着别人的是非不放。

明代大学士徐溥自幼天资聪颖，不仅读书刻苦，对自己的要求也极为严格，经常不断地检点自己的言行，他在书桌上放了两个瓶子，分别贮藏黑豆和黄豆。每当心中产生一个善念，或是说出一句善言，做了一件善事，便往瓶子中投一粒黄豆；若是言行有什么过失，便投一粒黑豆。开始时，黑豆多，黄豆少，他就不断地深刻反省并激励自己，渐渐地，黄豆和黑豆数量持平，他就再接再厉，更加严格地要求自己。久而久之，瓶中黄豆越积越多。长大当官以后，他仍然保持这个良好的习惯。

人无完人。有缺点、有失误并不可怕，怕的是不知错，不改正错误。知错就改，就会有进步。

徐溥的豆子

原 文

古之欲明明德于天下者，先治其国①；欲治其国者，先齐②其家③；欲齐其家者，先修其身；欲修其身者，先正其心；欲正其心者，先诚④其意；欲诚其意者，先致其知，致知⑤在格物⑥。物格而后知至，知至而后意诚，意诚而后心正⑦，心正而后身修⑧，身修而后家齐，家齐而后国治，国治而后天下平⑨。

——《礼记·大学》

【注释】

①国：邦。古代王、侯的封地。

②齐：整治，治理。

③家：大夫的封邑。

④诚：诚意，诚心，诚恳，真心实意。

⑤致知：致，达到；知，知识。引申为"对知识的完善理解"。

⑥格物：探索万事万物的规律，探究事物的原理。

⑦心正：去除各种不安的情绪，保持心灵的宁静。

⑧身修：完善自己，行为有规范，提高品德修养。

⑨天下平：安抚天下黎民百姓，使他们能够丰衣足食、安居乐业。

【解读】

古代那些美德彰明于天下的人，要想治理好自己的国家，先要管理好自己的家庭和家族；要想管理好自己的家庭和家族，先要进行自我修养，端正自己的思想，使自己的意念真诚，还要使自己获得知识，获得知识的途径在于认识研究万事万物；通过对万事万物的认识研究，才能获得知识；获得知识后，意念才能真诚；意念真诚后，心思才能端正；心思端正后，才能修养品性；品性修养后，才能管理好家庭和家族；家庭和家族管理好了，才能治理好国家；治理好国家后，天下才能太平。

《大学》是一篇论述儒家修身、齐家、治国、平天下思想的散文，是《礼记》第四十二篇，相传为春秋战国时期的曾子所作。

【知识链接】

《大学》还提出了"八条目"，即"格物""致知""诚意""正心""修身""齐家""治国""平天下"，概括总结了修身与社会和谐之间的关系，以及关于道德修养的基本原则和方法，系统地讲述了做人、处事、治国的道理。

从天子到平民，修身是根本。家是组成国家的最小细胞。人是个体的人，也是社会的人。没有家，人将漂泊无依；没有家，国将变得不稳定。儒家把"齐家"看成是一个人成年所必须经历的过程，是走向社会的第一步。在家族里要言行规范，先齐家，然后是治国。由"齐家"到"治国"，强调修己是治人的前提，修己是为了齐家、治国、平天下，说明齐家、治国、平天下和个人道德修养的一致性。

东汉有个叫陈蕃的少年，独居一室，屋内龌龊不堪，当他父亲的老朋友薛勤劝告他时，他慨然道："大丈夫处世，当扫除天下，安事一室乎？"薛勤反驳道："一屋不扫，何以扫天下？"（《后汉书·陈王列传》）

一屋不扫，何以扫天下

知行

诵《诗》三百，授之以政，不达①；使于四方，不能专对②；虽多，亦奚以③为？

——《论语·子路篇第十三》

【注释】

① 达：通达，运用。

② 专对：独立地谈判交涉。

③ 以：用。

【解读】

一个人把《诗》三百篇背得很熟，让他处理政务，却不会办事；让他当外交使节，却不能独立交涉；书读得很多，又有什么用呢？在孔子看来，《诗》是从政的必读科目，读了《诗》，就应该通晓政治、外交。读后不能活学活用，这人也就毫无用处了。

【知识链接】

"凡贵通者，贵其能用之也。即徒诵读，读诗讽术，虽千篇以上，鹦鹉能言之类也。"（《论衡·超奇篇》）读得多而不会用，就跟鹦鹉一样只会重复他人的话。有些学问必须在实践中学习。"学射，则必张弓挟矢，引满中的；学书，则必伸纸执笔，操觚（gū）染翰。"（《传习录·答顾东桥书》）学射箭，就必须拿起弓挟着箭来射靶子；学写字，就必须亲手张开木简拿着毛笔写字，才能真正学会。

"鲁叟谈五经，白发死章句。问以经济策，茫如坠烟雾。"（唐·李白《嘲鲁儒》）死章句，指死啃书本；经济，指经世济用。讽刺那些只会死记硬背、对实际问题一窍不通的人。

战国时期的赵括，虽然熟读父亲赵奢的兵书，却不会打仗，战场上损兵四十万，自己也被射杀而亡。《水浒传》有云："赵括徒能读父书，文斌殒命又何愚。"文斌殒命，指文质彬彬地死去。教条式地读书，既愚蠢，又不能解决实际问题。成语"纸上谈兵"典出于此，比喻空谈理论，不能解决实际问题。

纸上谈兵

原 文

　　合抱①之木，生于毫末②；九层之台，起于累土③；千里之行，始于足下。

——《道德经·六十四章》

【注释】

① 合抱：两臂围拢，形容树粗大。

② 毫末：毫毛的末梢，此指细小的萌芽。

③ 累土：堆积的泥土。

【解读】

　　粗大的树木都是由小树苗长成的；九层的高台，起于一堆泥土；千里的远行，是从脚下第一步开始走出来的。

　　任何事物的出现总是有它自身生长、发展和变化的过程。庞大的事物都是从细小的东西发展而来的。任何事物萌发时期都比较弱小，也不起眼，然而，这就是事物的起源与基础。想要成就一番事业，必须从简单的事情做起，从细微之处着手。

【知识链接】

　　"众少成多，积小致巨。"（《汉书·董仲舒传》）注重的是从细微处累积。荀子的哲学思想中，"积"是一个重要观点，如："积土成山，风雨兴焉；积水成渊，蛟龙生焉；积善成德，而神明自得，圣心备焉。故不积跬步，无以至千里；不积小流，无以成江海。骐骥一跃，不能十步；驽马十驾，功在不舍。锲而舍之，朽木不折；锲而不舍，金石可镂（lòu）。"（《荀子·劝学》）土堆积多了就变成了山，风雨会在这里聚集；水积多了就变成了深渊，蛟龙会在这里生长；积累善行，养成良好的品德，就能达到很高的精神境界，具备圣人的智慧和思想。荀子还认为，要学有所成，必须坚持不懈地进行积累。劣马连走十天也能到达千里，它的成功在于从不停止。雕刻一根木头，如果雕几下就停下来，腐朽的木头也刻不断；如果不停地刻下去，那么金石也能雕刻成功。又说："人积耨（nòu）耕而为农夫，积斫（zhuó）削而为工匠，积反货而为商贾，积礼义而为君子。"（《荀子·儒效》）一个人长期耕田，就会成为农夫；长期砍砍削削，就会成为工匠；长期贩卖货物，就会成为商贾；长期学习礼义，就会成为君子。

再长的路，一步一步不停地走，总能走完；再短的路，不迈开双脚，永远也走不到。

"临渊羡鱼，不如退而结网。"（《汉书·董仲舒传》）与其站在河边，羡慕河中肥美的鱼，还不如回去结网。

临渊羡鱼

原 文

圣人也者，本仁义，当是非，齐言行，不失①豪厘②，无它道焉，已③乎行之矣。故闻之而不见，虽博必谬④；见之而不知，虽识⑤必妄⑥；知之而不行，虽敦⑦必困。不闻不见，则虽当，非仁也。其道百举而百陷⑧也。

——《荀子·儒效》

【注释】

① 失：差。

② 豪厘："豪"通"毫"，毫和厘是两个很小的计量单位，比喻细微之物。

③ 已：止，停止。

④ 谬：谬误，差错。

⑤ 识（zhì）：记住。

⑥ 妄：荒诞，无根据。

⑦ 敦：淳厚。

⑧ 陷：陷阱，坑穴。

【解读】

圣人，以仁义为根本，能恰当地判断是非，能使言行保持一致，不差丝毫，这并没有其他的窍门，就在于他能把学到的东西付诸行动罢了。所以听到了而没有见到，即使听到了很多，也必然有谬误；见到了而不理解，即使记住了，也必然虚妄；理解了而不施行，即使知识丰富，也必然会陷入困境。不去聆听教诲，不去观摩考察，即使偶尔做对了，也不算是仁德，这种办法采取一百次会失误一百次。

【知识链接】

"不闻不若闻之，闻之不若见之，见之不若知之，知之不若行之，学至于行之而止矣。"（《荀子·儒效》）荀子在这里将闻、见、知、行，构成一个完整的认识过程。又说："君子之学也，入乎耳，箸乎心，布乎四体，形乎动静。"（《荀子·劝学》）闻见是学习的起点、基础和知识的来源，但又是有缺陷的，感官不能把握整体与规律，感官也常常因为主客观因素的影响而产生错觉。学习要入耳入心，更要善于运用思维去把握事物的本质与规律，多多实践。行动是学习必不可少的，也是最高的阶段。实践不仅能检验修正所学的知识，更能提升我们的认知能力。

南宋理学家朱熹认为，"知""行"虽有先后、轻重之分，但都不可偏废。他说："涵养、穷索，二者不可废一，如车两轮，如鸟两翼。""致知、力行，用功不可偏。偏过一边，则一边受病。"（《朱子语类·卷九》）涵养穷索，致知力行。学生既要注重品德修养，培养孜孜不倦的治学精神，也要知行合一，二者不可偏废。

明代思想家、教育家王阳明首次提出知行合一说法："夫学问思辨行，皆所以为学，未有学而不行者也。"（《传习录·答顾东桥书》）读书、请教、思考、辨析，都是为了学习，而要掌握这件事，光学不做是不可能的，因为有很多问题只有在行动中才会呈现出来。解决问题才是学习的真正目的。王阳明在《传习录》中还以如何让父母冬暖夏凉为例加以说明。他认为懂得如何让父母冬暖夏凉，这是"知"，但不是"致知"，真正做到让父母冬暖夏凉，才是"致知"。

阳明讲学

原文

博^①学之，审^②问之，慎^③思之，明辨^④之，笃^⑤行^⑥之。

——《中庸·第二十章》

【注释】

① 博：广泛涉猎。

② 审：详细。

③ 慎：谨慎。

④ 辨：判断。

⑤ 笃：坚实。

⑥ 行：实践。

【解读】

广泛学习，以使知识渊博；详细地询问，以追根究底；谨慎地思考，以穷究物理；明确地辨析，以分清善恶美丑；坚实地实施，以达到诚的最高要求。这是古人关于学习的五个方面，其中博学是基础，笃行是目的。

【知识链接】

多学、多问、多思、多辨、多行是学好本领的基本途径。"博学而笃志，切问而近思，仁在其中矣。"（《论语·子张篇第十九》）博览群书、坚守志向、多问多思，就是仁德的表现。

《荀子·大略》里说："子夏贫，衣若县鹑（chún）"。县鹑，指鹑鸟尾巴光秃秃，像穿着一件破衣服。子夏家贫衣破，但读书刻苦、志向坚定、淡泊名利，他辗转追随孔子认真学习，还培养了许多弟子。

东汉思想家王充也说："不学不成，不问不知。"（《论衡·实知篇》）即使是很聪明的人，不学习也不会懂得，不求教也不会明白，勤学多问是增长知识和才干的必由之路。不懂就问，提出问题，解决问题，就是一种进步。

学习还要与实践相结合，不经历实践，"认知"会流于表面。南宋爱国诗人陆游写过一首诗："纸上得来终觉浅，绝知此事要躬行。"（宋·陆游《冬夜读书示子聿》）这是陆游的一首教子诗，他就知识的获取，从两方面谈了自己的看法：一是要花气力，一是"要躬行"。诗中表达的不仅是诗人冬夜读书的体会，更是诗人勤奋学习的经验总结。

子夏家贫，衣若县鹑

礼仪篇

容貌

举止

言辞

服饰

宾礼

嘉礼

食礼

风俗礼仪

容貌

五事：一曰貌，二曰言，三曰视，四曰听，五曰思。貌曰恭①，言曰从，视曰明，听曰聪②，思曰睿③。恭作肃④，从作乂⑤，明作哲⑥，聪作谋⑦，睿作圣。

——《尚书·今文尚书·周书·洪范》

【注释】

① 恭：恭敬。

② 聪：听觉灵敏。

③ 睿：通达。

④ 肃：庄重肃穆。

⑤ 乂（yì）：治理。

⑥ 哲：智慧。

⑦ 谋：咨询，谋议。

【解读】

古人认为，为政有五件事要谨慎为之：一是仪容，二是言语，三是观察，四是听闻，五是思考。仪容要恭敬，言语要正当合理，观察要明白清楚，听闻要聪敏广远，思考问题要通达。仪容恭敬就能庄重肃穆，言语正当合理就能治理国事，观察明白清楚就能得到智慧，听闻聪敏广远就能善于谋断，思考问题通达明了就能达到圣明。

《尚书·周书·洪范》，"洪"即大，"范"即法。"洪范"即根本大法。

相传周灭商后第二年武王问箕子治国安民的常理，箕子回答说过去天帝赐给禹"洪范九畴"，可以作为治国安民的常理。《洪范》即箕子回答武王提问的记录，其中提出了治理国家的九种根本方法，称为"洪范九畴"。"敬用五事"是其中之一。

【知识链接】

在先秦典籍中，关于礼容的记载非常丰富。《周礼·地官司徒·保氏》中的"六仪"，包括祭祀之容、宾客之容、朝廷之容、丧纪之容、军旅之容、车马之容。汉初文人贾谊《新书》中专门有《容经》一篇，具体内容包括立容、坐容、行容、趋容、跘（pán）旋之容、跪容、拜容、伏容、坐车之容、立车之容、兵车之容等，涵盖个人生活的各方面。

孔子告诫弟子说："非礼勿视，非礼勿听，非礼勿言，非礼勿动。"（《论语·颜渊篇第十二》）不符合社会道德规范和行为准则的事，不看、不听、不说、不做。孔子还十分注重自己的仪容，《论语·述而篇第七》载："子温而厉，威而不猛，恭而安。"孔子温和而严厉，有威仪而不凶猛，恭敬而安详，温文尔雅堪称儒雅的典范。

曾子说："君子所贵乎道者三：动容貌，斯远暴慢矣；正颜色，斯近信矣；出辞气，斯远鄙倍矣。"（《论语·泰伯篇第八》）君子最为可贵之处有三点：动容貌、正颜色、出辞气，即君子应谦和恭敬，行为、举止、神态应端庄、端正、静肃，说话要讲礼仪，不能说粗鄙的话。

古代君子仪容

原文

　　容貌、态度、进退、趋行，由礼则雅，不由礼则夷固①僻②违③，庸众而野④。

——《荀子·修身》

【注释】

① 夷固：倨傲，傲慢。

② 僻：邪，怪僻。

③ 违：背理，不合常规。

④ 庸众而野：庸俗，野蛮。怪诞不经，矫揉造作。

【解读】

　　人的面容、态度、举止都应以"礼"引导、以"礼"为准则，遵守礼仪，人就会变得文雅，不遵守礼仪，就会目中无人、狂妄自大、孤陋寡闻、庸俗不堪。

　　个人修养，不仅要强调内省、内修、内秀，也要时刻注意外在的表现，使自己的言行举止合乎礼仪规范。

　　《荀子·修身》讲述了一系列关于修养身心、提高品德修养的基本道理，其根本在于遵循礼仪。

【知识链接】

　　关于修身，孟子偏重内心的仁义，荀子强调外在规范的约束。

　　哲学家李泽厚在《中国古代思想史论》一书中认为，荀子的"礼"，更接近"履"的本义，其目的是成为一种社会规范。这种社会规范意义上的"礼"，对于稳定文明秩序起着极其重要的作用。这也就是我们前面所谈到的"礼，经国家，定社稷，序民人，利后嗣者也。"（《左传·隐公十一年》）没有"礼"，小到一个人，大到一个国家，任何事业都将无从谈起。

荀子还认为，"食饮、衣服、居处、动静，由礼则和节，不由礼则触陷生疾。"（《荀子·修身》）"礼"可以调节饮食、着装、起居等，若是不合"礼"，就会生病和忧愁。

"礼仪之始，在于正容体，齐颜色，顺辞令。"（《礼记·冠义》）礼是从端正容貌和服饰开始的。一个有良好修养的人，一定是体态端正、服饰整洁、表情庄敬、言辞得体的。"致礼以治躬则庄敬，庄敬则严威。"（《礼记·乐记》）若能庄严而恭敬，则严肃威重。当然，庄重严肃并不是令人望而生畏，而是严肃而不失温和，威严而又安详。

古人的仪容

原 文

　　士君子之容：其冠进①，其衣逢②，其容良③，俨然④，壮然⑤，祺然⑥，薾然⑦，恢恢然，广广然⑧，昭昭然，荡荡然⑨，是父兄之容也。其冠进，其衣逢，其容悫⑩，俭然⑪，侈然⑫，辅然⑬，端然，訾然⑭，洞然⑮，缀缀然⑯，瞀瞀然⑰，是子弟之容也。

——《荀子·非十二子》

【注释】

① 进：通"峻"，高耸。

② 逢：宽大。

③ 良：温和。

④ 俨然：庄重的样子。

⑤ 壮然："壮"通"庄"，严肃而不可侵犯的样子。

⑥ 祺然：安详的样子。

⑦ 薾（sì）然：宽舒的样子。

⑧ 恢恢然，广广然：气度开阔的样子。

⑨ 昭昭然，荡荡然：明朗、坦率的样子。

⑩ 悫（què）：诚实，谨慎。

⑪ 俭然：自谦的样子。

⑫ 侈（shì）然：依顺的样子。

⑬ 辅然：亲近的样子。

⑭ 訾（zī）然：勤勉的样子。

⑮ 洞然：恭敬的样子。

⑯ 缀缀然：不背离的样子。

⑰ 瞀（mào）瞀然：不敢正视的样子。

【解读】

　　荀子分别对君子、父兄、子弟的仪容提出了不同的要求，包括穿衣戴帽、面容心胸等各个方面，其基本的要求是衣冠要整洁，面容要温和、庄重。父兄应和蔼可亲、庄重、伟岸、安泰、洒脱、宽宏、开阔、明朗、坦荡；子弟应谨慎、诚恳、谦虚、温顺、亲热、端正、勤勉、恭敬。

【知识链接】

　　《礼记·乐记》指出："礼、乐不可斯须去身。致乐以治心，则易、直、子、谅之心油然生矣。易、直、子、谅之心生则乐，乐则安，安则久，久则天，天则神。天则不言而信，神则不怒而威，致乐以治心者也。致礼以治躬则庄敬，庄敬则严威。心中斯须不和不乐，而鄙诈之心入之矣；外貌斯须不庄不敬，而慢易之心入之矣。故乐也者，动于内者也；礼也者，动于外者也。乐极和，礼极顺，内和而外顺，则民瞻其颜色而不与争也，望其容貌而众不生慢易焉。"古人认为，礼乐不可片刻离身。用音乐来治理内心，心情就自然平和、正直、慈爱、诚实。人有了这样的心情就会快乐，快乐就能平安，平安就能长久，长久就能上通于天，上通于天就能与神交会。天不必说话，就能使人相信；神不须发怒，就能使人敬畏。用音乐来治理内心，用礼来修治自己的容貌仪表，就会使人庄重恭敬，庄重恭敬就会有威严。心中如有片刻不平和、不快乐，卑鄙奸诈的心思就会侵入。外貌有片刻不庄重不恭敬，轻率怠慢的念头就会出现。所以乐是发动于内心，礼是作用于外表。乐极其平和，礼极其恭顺。内心平和，外表恭顺，那么民众看到他这样的脸色，也就不会跟他争执了；看到他的容貌，众人也就不会产生轻率怠慢的念头了。

父子有亲

原文 ────────────────────

君子之容舒迟①，见所尊者齐邀②。足容重，手容恭，目容端，口容止，声容静，头容直，气容肃，立容德，色容庄，坐如尸③。燕居告温温。

——《礼记·玉藻》

【注释】

① 舒迟：从容不迫，娴雅。

② 齐邀（sù）："邀"通"肃"，谦和恭谨。

③ 坐如尸：坐，要像祭祀中装扮的受祭人那样坐得端正。

【解读】

君子的容貌要恬淡娴雅，见到所尊敬的人则要谦和恭谨。君子举足要稳重；举手要恭敬；目光要正不斜视；口唇要合不妄动；语调和静不咳嗽；头脸端直不侧倾；气度穆穆不乱喘；站立时身体微俯，好像得到别人授物，自己正在接受；面色容颜庄重而不怠慢；坐就如祭礼中装扮的受祭人端坐在神位上一样。君子平素闲居时教育人、使唤人，态度要温柔和善。以上"九容"是旧时君子修身处世应有的九种姿容，即日常生活中最基本的礼仪。

《玉藻》是《礼记》中的第十三篇，主要记载古代帝王诸侯在服饰、饮食、起居等方面的一些制度。玉藻是服饰名，特指古代帝王冕冠前面悬垂的、贯以玉珠的五彩丝绳。该篇正文以"天子玉藻"开头，所以名为玉藻。

【知识链接】

礼容主要指人的容貌与体态等。《中庸·第二十七章》里说"礼仪三百，威仪三千"。可见古代礼仪的繁多，就其礼的内容而言，不仅包括了外在形制的详细规定，同时也对行礼者的容貌神情、精神状态有很多规定。

孔子曰："君子有九思：视思明，听思聪，色思温，貌思恭，言思忠，事思敬，疑思问，忿思难，见得思义。"（《论语·季氏篇第十六》）君子有九种要用心思考的事：看事情要透彻明确，看清其中的因果关系，不可以有丝毫模糊；要用心聆听，耳闻声音而心能辨别其真伪，不能够含混；脸色要温和，不可以显得严厉难看；容貌要谦虚恭敬有礼，不可以骄傲、轻忽他人；言语要忠厚诚恳，不说假话；做事要认真负责有敬畏之心，不可以懈怠懒惰；有疑惑要想办法求教，不可以得过且过，混日子；生气的时候要想到后果，不可以意气用事；遇见可以取得的利益时，要想想是不是合乎义理。这些要求与前面提到的"九容"，异曲同工。

《荀子·非十二子》还指出了种种不文明的表现：如衣冠不整，帽子歪戴，傲慢自大，自满自足，懒懒散散，苟且偷安，走路时无所顾忌、跳来跳去等。

君子日常，神态娴雅从容，见尊恭敛，脚行稳重，手勿乱划，目不邪，口不妄，喉不咳，行坐端正，面端庄，声安静，气平缓，不扰人，乃君子九容。

君子有容

举止

原文

君子不失足①于人，不失色于人，不失口于人。是故君子貌足②畏③也，色足惮④也，言足信也。

——《礼记·表记》

【注释】

① 失足：举止不得体。

② 足：足够，充足，满足。

③ 畏：敬畏，敬服。

④ 惮：威严，敬畏。

【解读】

不失足，与人相处要尊崇礼仪，言谈举止尊重对方，做个行事磊落、坦荡的谦谦君子；不失色，喜怒克制于内心、合乎礼仪，尤其不能轻易对别人动怒，或者把自己的怒气发泄到无关的人身上；不失口，说话谈吐应考虑听者的感受，懂得换位思考，先思后言。一个有道德的人，一举一动、一颦一笑、一言一语，都不能有失检点。一个人如果有仁守德、内心端正，神态就会庄重威严、大方得体，人们自然会加以敬重、信赖。反之，一个人倘若容仪不修，散漫随意，举止轻浮，人们也就会随意轻待他。

德外在于仪表，仪表要以内在的德行为本，内外兼修。

《礼记·表记》主要是记述君子行事的根本、仁与义的关系，以及虞夏商周的政教得失、事君之道、待人之道等。

【知识链接】

春秋时期，孔子每到一个国家都能听到该国的政事，其原因就在于他以温和、善良、恭敬、俭朴、谦让的态度对待别人，别人自然会把政事告诉他。"夫子温、良、恭、俭、让以得之。"（《论语·学而篇第一》）这是孔子与众不同的品德。成语"温良恭俭让"典出于此。

汉代哲学家扬雄提出做人应该四重："重言，重行，重貌，重好。言重则有法，行重则有德，貌重则有威，好重则有观。"（《法言·修身》）

春秋时有一个大臣叫赵盾，他的君主晋灵公很不守礼，过着骄奢淫逸的生活，赵盾作为臣子非常忠心，屡次犯颜直谏，但是晋灵公就是听不进去。不仅听不进去，还觉得这个赵盾很烦，于是派鉏麑（chú ní）去杀赵盾。杀手一天凌晨来到赵盾的家，看到他的卧室门已经打开了，赵盾已经准备好要去上早朝。但是因为时间尚早，所以他就穿着朝服，恭恭敬敬地坐在那里闭目养神，他的这种恭敬的态度深深感动了杀手。杀手想，一个大臣在独处的时候，还能够对国君这样恭敬，这个人一定是国家的栋梁。如果我把国家的栋梁给杀了，我就成了一个不义之人。但是君主的命令是让我杀了这个大臣，如果我不完成使命，就是对君主不忠。杀手思前想后，最后撞槐树自杀了。

鉏麑欲杀赵盾

原文

坐视①膝，立视足，应对言语视面。立视前六尺②而大之，六六三十六，三丈③六尺。

——《荀子·大略》

【注释】

① 视：看。

② 尺：十寸为一尺。

③ 丈：十尺为一丈。

【解读】

对方坐着，注视他的膝部；对方站着，注视他的脚；回答问话时，注视他的脸。对方站着时，在他前面六尺之远的地方看着他。臣、子与君、父相见时，视线最远的距离是三丈六尺。

《大略》主要收集了荀子的学生平时记录的荀子的言论，因为这些言论涉及的内容十分广泛，难以用某一词语来概括，而这些言论从总体上来看大都比较概括简要，所以编者把它题为"大略"。其中论述最多的是荀子"隆礼尊贤"的思想及各种礼节仪式。

【知识链接】

古人常从眼睛、耳朵、嘴巴、身体等方面来严格管束自己，以通过外在的规范，进行品行修养。

"五色令人目盲，五音令人耳聋。"（《道德经·十二章》）人的双眼，可看见外在世界的一切，喜欢色彩斑斓的场景、五颜六色的事物，是正常的生理需求，但不加以节制，则会被外物的色彩所诱惑；对于外界喧嚣的乐声，若能"知止有定"，就能规避声音和乐曲等物欲的诱惑，保持纯正之心。

"言有招祸也，行有招辱也，君子慎其所立乎。"（《荀子·劝学》）言语可能招祸，行为可能受辱，君子为人处世不能不保持谨慎。人之所以妄言，不外乎内心的躁乱与狂妄，所以要节言、慎言、知言。人的行为和举止，如不加以节制，则可能乱动，甚至是胡作非为。

"中正无邪，礼之质也。"（《礼记·乐记》）从礼入手，就可以规避行为和动作的随便和无礼，而保持中正之德。

坐视膝，立视足，应对言语视面

原 文 ────────────────────────────

　　坐以经立之容，胻 ① 不差 ② 而足不跌。视平衡曰经坐 ③，微俯视尊者之膝曰共坐，仰首视不出寻常之内曰肃坐，废 ④ 首低肘曰卑坐。

——《新书·卷六·容经》

【注释】

① 胻（héng）：足胫，指小腿。

② 差：通"蹉"，不齐。

③ 经坐：正襟危坐，古代最合礼仪的坐姿。

④ 废：伏，偃。

【解读】

　　我们的祖先最早是穴居，没有桌椅板凳，吃饭、起居、睡觉全在地上。后来发明了席子，就在地上铺张席子，席地而坐。

　　坐的时候要求身体挺直，小腿不要伸得一长一短，脚不歪斜。两眼平视，称为"经坐"；头微低，目光注视对面尊者的膝盖，叫"共坐"；仰视时目光不超出身边数尺远，则为"肃坐"；头完全低下来，甚至连手肘都下垂，则叫"卑坐"。

　　贾谊，汉代杰出政论家、思想家、文学家。《新书》又称《贾子》，是贾谊的政论文集，今存 10 卷 58 篇，其中《问孝》《礼容语上》两篇有目无文，实为 56 篇，集中反映了贾谊的政治经济思想。

【知识链接】

　　除了上边提到的四种坐姿外，据先秦文献的记载，还有两种变体的坐姿，即跽（jì）坐和箕踞（jī jù）。

　　跽是长跪，但长跪并不是长时间地跪，而是指身体挺直伸长的跪。也就是说，跽也是跪，只不过跪得更挺拔。跽坐时臀部离开双脚，两膝着地。由坐而跽，用以表示敬意，或被对方所震动，或表示警惕。现在我们遇见长者、上级或客人到来，都要从椅子上起身站起，以示敬意，就是源于"由坐而跽"。

箕踞是臀部着席，两腿伸直张开，呈八字状，看起来像簸箕，这是最不雅的一种坐姿。孔子的老朋友原壤，有一次张开两腿，坐等孔子。孔子见到当场就发火了，用拐杖敲打着原壤的小腿臭骂了一通。

古代对各种坐姿都有严格的规定，如《礼记·曲礼上》："坐如尸，立如齐""坐必安，执尔颜"。坐时要安稳，不宜摇动，仪容要端庄。"坐毋箕"，坐有坐相，男子坐时两腿自然平放，女子双膝要合拢，不可分开双腿，如簸箕。"并坐不横肱（gōng）"，与他人并排而坐时，不横放自己的胳膊，因为那样会妨碍他人。"请业则起，请益则起"，向老师请教问题时，要站起来，想请老师再解说一番，也要站起来。在长者面前，如果长者站着，年轻人就不能坐着；如果长者坐着，让年轻人坐才能坐。处处强调的是"坐"的"庄重"和"敬让"。

正确坐姿的基本要求是：立腰、挺胸，上身自然挺直。双膝自然并拢，双腿正放或侧放，双脚并拢或交叠。男士两膝可分开一拳左右的距离。

古人坐姿

原 文

固颐 ① 正视，平肩正背，臂如抱鼓，足间二寸，端面摄 ② 缨 ③ ，端股 ④ 整足。体不摇肘曰经立 ⑤ ，因以微磬 ⑥ 曰共立，因以磬折 ⑦ 曰肃立，因以垂佩 ⑧ 曰卑立。

——《新书·卷六·容经》

【注释】

① 颐：腮，面颊。

② 摄：整理。

③ 缨：帽带。

④ 股：大腿。

⑤ 经立：正立。

⑥ 微磬（qìng）：磬，古代的一种打击乐器，形同曲尺。微磬指腰身稍微前倾。

⑦ 磬折：前倾约 45°。

⑧ 垂佩：弯腰弯到玉佩垂到地上。

【解读】

站立时应端正脸庞，目视前方，双肩放平，背部自然挺直，双手相合臂如抱鼓状，两脚直立，间隔二寸。收敛表情，整理好帽缨。

贾谊把人的站相分为四种："经立"，腿脚并拢，肢体不摇动；"共立"，身子微微倾斜；"肃立"，身体弯的角度如古代的一种打击乐器磬；"卑立"，弯腰弯到玉佩垂到地上的程度。

【知识链接】

《礼记·曲礼上》对站立的礼仪有更为具体的规定，如"立如齐"，站立时要像参加祭祀或典礼一般恭敬，双脚并立；"立毋跛（bì）"，站立时，要保持身体平衡，不可偏倚而立，也不可倚靠在某种物体上；"立必正方，不倾听"，与人站立交谈，身体要端正，不要斜着身子听人讲话，那样是对对方不尊重的表现；"立不中门"，站立时不要立于门中央，那是尊者要经过的地方，晚辈应当避让；"离坐离立，毋往参焉。离立者不出中间。"如果看到两个人并列坐着或站着，不要插入其中，这是对他人的尊重。

古人云"立如松"，犹如一株挺立的青松。又说，"站有站相"。平日里，人与人对话时，不要离得太近，也不要离得太远，也不能双臂交叉，或两手叉腰，或将手插在裤袋里，或下意识地做小动作，这些都是不尊重对方的表现。

正确的站姿：身体立直，抬头，收腹，挺胸，立腰。双目向前平视，嘴唇微闭，下颌微收，面带微笑，双肩放松，双臂放松，自然下垂，双腿并拢。男子站立时，双脚可分开，但不能超过肩宽。站姿不仅关乎个人的形象，而且对健康非常重要，抬头挺胸直立，能让身体各个关节的受力比较均衡，不会因为关节承担重量的不同而畸形。

经立

共立

肃立

卑立

站立时应端正脸庞，目视前方，双肩放平，背部自然挺直，双手相合，臂如抱鼓状，两脚直立，间隔二寸。收敛表情，整理好帽缨。

古人站姿

原文

入公门，鞠躬①如也，如不容。立不中门，行不履阈②。过位，色勃③如也，足躩④如也，其言似不足者。摄齐⑤升堂，鞠躬如也，屏气似不息者。出，降一等⑥，逞⑦颜色，怡怡如也。没阶⑧，趋进，翼如也。复其位，踧踖⑨如也。

——《论语·乡党篇第十》

【注释】

① 鞠躬：恭敬谨慎的样子。

② 阈（yù）：门槛。

③ 色勃：猝然变色。

④ 足躩（jué）：急行，步子加快。

⑤ 摄齐：摄，提起。齐，衣服下摆。摄齐指提起衣服的下摆。

⑥ 降一等：从台阶上走下一级。

⑦ 逞：舒展开，松口气。

⑧ 没阶：走完了台阶。

⑨ 踧踖（cù jí）：恭敬。

【解读】

臣子们走进朝堂的大门，要谨慎而恭敬，鞠躬进入，不站在门中间，不踩门槛，经过国君座位时应神色凝重、脚步沉稳、说话轻缓，上台阶时提衣、鞠躬、屏气，下台阶时神情放松，到平地时可加快脚步，落座之后要仪态端庄。出堂时，走下第一个台阶后，才能舒缓面容，显出快乐的样子，台阶走完了，可以快步行走，像鸟儿一样展开翅膀。若再回到堂上，又必须恭敬谨慎。

《论语·乡党篇第十》主要记述孔子进出朝堂的整个过程，怎么走上去，怎么退下来，恭敬慎行的态度，包括神态、呼吸、动作、情绪等。

【知识链接】

古代对行走还有不同的说法，《说文解字》中说："步，行也；趋，走也……步徐，趋疾。""堂下谓之步，门外谓之趋。"（《尔雅·释宫第五》）"趋"为快步行走。"鲤趋而过庭"（《论语·季氏篇第十六》），就是说孔子的儿子孔鲤快步走过庭院。后用"趋庭"专指承受父亲的教诲。

《礼记·曲礼上》中还有不少关于行走的规矩，如"行不中道"，作为晚辈，不要在中道行走，因为中道是尊者行走的地方；"从于先生，不越路而与人言"，与老师同行，不能私自跑到路的另一边与他人交谈；"遭先生于道，趋而进，正立拱手"，路遇老师，要快步上前，拱手正立。

不能踩门槛这一风俗始于先秦时期，那时臣子们出入君主的门户时，不能踩到门槛。清朝皇帝溥仪年少时好玩，买了一辆自行车在宫里骑。故宫里到处都是门槛，影响骑车，溥仪就下令把门槛锯掉了。

我国传统的行走习惯还有：二人同行时，右者为尊；三人同行时，中者为尊；多人同行时，前者为尊。

现代要求行人靠右，上下楼梯遵循"右上右下"。课间下楼梯时，二人可以并行，三人要成行，以免造成阻塞。走路时不要弯腰驼背，也不要大摇大摆、左右摇晃，更不能在马路上随意打闹、横穿而过。

行走礼

原文

　　古之君子必佩玉，右徵、角，左宫、羽①，趋以《采齐》，行以《肆夏》②，周还中规③，折还中矩④。进则揖之，退则扬之，然后玉锵鸣⑤也。故君子在车则闻鸾、和⑥之声，行则鸣佩玉，是以非辟⑦之心无自入也。

——《礼记·玉藻》

【注释】

① 徵（zhǐ）、角（jué）、宫、羽：宫、商、角、徵、羽，为古代五声音阶。"宫"为五音之主，"商"为五音的第二级，"角"为五音的第三级，"徵"为五音的第四级，"羽"为五音的第五级。这里指君子在行走时玉佩互相碰撞发出如音乐般的声响。

② 《采齐》《肆夏》：皆为乐章名。

③ 周还（xuán）中规：周还，即反转而行，要转一百八十度的弧形弯，如圆规画圆。引申为合乎准则、要求。

④ 折还中矩：折还，即拐弯而行，要转九十度的直角，如方矩。

⑤ 锵鸣（qiāng míng）：形容声音清越。

⑥ 鸾（luán）、和：二者都是马车上的铜铃。"鸾"在车横，"和"在车轼。

⑦ 非辟：邪恶。

【解读】

　　古代的君子，身上一定要佩玉。行走时为了能让玉佩随着人体态的变化而发出铿锵有节奏、如音乐般的声音，就得十分注意行走的规矩。右边的玉佩要随人的动作撞击发出徵、角的声音，左边则发出宫、羽的声音，趋走时与《采齐》之乐节相应，行走时则与《肆夏》之乐节相应。反转身所走的路线要呈圆形，转弯时所走的直线要呈直角形。前进时，身体稍俯，像作揖一样，退后时要微微仰起身子，这样玉佩就会随着行走发出动听的锵锵声。乘车的时候，能听到车上的銮铃、和铃的声音，步行的时候，能听到身上玉佩碰撞的声音，这样一切杂念就不会进入君子心中。

【知识链接】

"居则习礼文，行则鸣佩玉。"（《大戴礼记·保傅》）古时从孩子入学起，就要让他们学习明晓日常与朝廷之礼。

"君子至止，黻（fú）衣绣裳，佩玉将将。"（《诗经·国风·秦风·终南》）"将将"同"锵锵"，玉佩相互撞击发出的响声。

行走时要让玉佩发出的声音符合《采齐》《肆夏》的节奏，不经过艰苦努力的学习，很难掌握。

相传在两千多年前，燕国寿陵有一位少年，听人说邯郸人走路姿势很美，于是跑到遥远的邯郸学走路。一到邯郸，他感到处处新鲜，令人眼花缭乱。看到小孩走路，他觉得活泼，学；看见老人走路，他觉得稳重，学；看到妇女走路，摇摆多姿，学。就这样，半个月以后，他连走路都不会了，路费也花光了，只好爬着回家。这个少年之所以没有学会邯郸人走路的姿势，就是因为他生搬硬套、一味模仿，最终失去自我。成语"邯郸学步"典出于此。

邯郸学步

原 文

毋侧①听，毋噭②应，毋淫视③，毋怠荒④。游毋倨⑤，立毋跛⑥，坐毋箕⑦，寝毋伏。

——《礼记·曲礼上》

【注释】

① 侧：歪着头。

② 噭（jiào）：指声响高急。

③ 淫视：眼神游移不定，眼睛左顾右盼。

④ 怠荒：身体放松，没有精神的样子。

⑤ 游毋倨（jù）：游，行。倨，倨傲，傲慢。

⑥ 跛（bì）：指站立时身体歪斜，一脚抬起，一脚踏地。

⑦ 箕（jī）：岔开双腿。

【解读】

不要侧耳探听别人说话，回话不要大声叫喊，眼睛不要左顾右盼、眼神不要游移不定，身体不要放任懈怠。行走时态度不要傲慢张扬；站立时不要歪斜扭曲；坐着时不要岔开双腿，像簸箕一样张开；睡觉时不要趴着身子。

【知识链接】

古人对行为举止都有详细的规定，如："正尔容，听必恭。"（《礼记·曲礼上》）听尊长说话时，面容要端庄，要恭敬地聆听。"非礼勿听。"（《论语·颜渊篇第十二》）不合礼的事情，不要听。"听思聪。"（《论语·季氏篇第十六》）听的时候，应该专注，否则，心不在焉，就会充耳不闻。"侍坐于先生，先生问焉，终则对。"（《礼记·曲礼上》）先生问话，一定要等先生问完，再回答，不要打断先生的话，也不要随意插话。"君子约言，小人先言。"（《礼记·坊记》）君子是说得少而做得多，小人是没做事就先说大话。"长者不及，毋儳（chàn）言。"（《礼记·曲礼上》）长者没有谈及的事，不要提及。"登城不指，城上不呼。"（《礼记·曲礼上》）登上城楼或高处，不要随便指手画脚，大喊大叫。

据安徽省《巢县志》记载，古巢城东城门有一方池叫"洗耳池"，池边有一条巷子叫"牵牛巷"。相传五千年前，巢父在池边牵牛饮水时，批评一代圣贤许由"浮游于世，贪求圣名"，许由自惭不已，立即用池中清水洗耳、拭双目，表示愿听从巢父忠告。后人为颂扬许由知错就改的美德，遂将该方池取名为"洗耳池"。成语"洗耳恭听"的典故也由此而来。

巢父劝诫许由

言辞

原文

白圭①之玷②，尚可磨也；斯言之玷，不可为也！

——《诗经·大雅·抑》

【注释】

① 圭（guī）：扁长条形的玉器。

② 玷（diàn）：玉上的污点，比喻美好的人或事物存在的小缺陷。

【解读】

白玉上面的污点，可以把它磨去，说出去的话，却不可能收回来，所以说话一定要谨慎，不好的话，不要说。

《诗经·大雅·抑》是一首让人自警的长诗。认为人应当表里如一，遵守礼仪，说话小心，注重个人的修养。如："无易由言，无曰苟矣。莫扪朕舌，言不可逝矣。"人不要轻易地说话，也不要说得太快，话说出去就收不回来了。

【知识链接】

玉圭，古玉器名。古代帝王、诸侯朝聘、祭祀、丧葬时所用的玉制礼器，为瑞信之物。长条形，上尖下方，也作"珪"。玉器形制的大小，因爵位及用途不同而不同。人们或用白玉无瑕、白璧无瑕描写人或事情的完美；或用白玉微瑕、白璧微瑕描写人或事物的小缺点。

《论语·颜渊篇第十二》有云："驷不及舌。"《邓析子·转辞篇》亦云：

"一言而非，四马不能追。一言而急，四马不能及。"意思都是说一句话说出了口，就是用四匹马拉的车也难以追上。后人常用"君子一言，驷马难追"，表示说话要深思熟虑。

在"说话"这个问题上，孔子也给我们做了很好的示范，他认为说话的时机和内容都很重要，不能不知轻重，信口开河，甚至胡说八道。如"辞达而已矣。"（《论语·卫灵公篇第十五》）"君子欲讷于言而敏于行。"（《论语·里仁篇第四》）"道听而涂说，德之弃也。"（《论语·阳货篇第十七》）"巧言令色，鲜矣仁。"（《论语·学而篇第一》）"言不可不慎也。"（《论语·子张篇第十九》）等。

"是故言有三法。何谓三法？曰：有考之者，有原之者，有用之者。"（《墨子·非命下》）说话之前要先考虑好，仔细推敲听的人会有什么反应，以及说了以后会有什么样的后果。

"一言兴邦，一言丧邦"，典出孔子回答鲁定公的一次提问。人治社会，君主一言九鼎，可以一言兴邦，也可以一言丧邦。

"三人言而成虎。"（《战国策·魏策·魏二》）比喻没有的事，但如果大家都在说，就会变成真的。这也就是我们平日里常说的谣言，其危害性很大。所以没有根据的话不要乱说、乱传，不信谣，不传谣。

一言兴邦，
一言丧邦。

言辞应谨慎

原 文

信①言不美②，美言不信。

——《道德经·八十一章》

【注释】

① 信：诚实。

② 美：华丽动听。

【解读】

真话不好听，好听的不是真话。

言而有信既是说话最基本的原则，也是一个人最基本的品行。所以说："忠至者辞笃，爱重者言深。"（《三国志·魏书·王朗传》）忠诚的人，言辞也诚恳；爱得深的人，说话也深刻。

【知识链接】

"良玉不雕，美言不文。"（《法言·寡见》）美玉不用雕琢，善言不用修饰。辨别话的好坏，要听其意而较其辞，否则就容易听信谗言。孔子也反对"巧言令色"的虚伪处世观，他指出："巧言、令色、足恭，左丘明耻之，丘亦耻之。"（《论语·公冶长篇第五》）提倡正直、坦率、诚实的品德。

"巧言令色"的人善于伪装、阳奉阴违、表里不一，为达到个人目的不择手段，具有很强的隐蔽性和较大的社会危害性。《诗经·小雅·青蝇》以青蝇的嗡嗡声比喻谗言，警告人们不要相信它。还说："我友敬矣，谗言其兴。"（《论语·小雅·沔水》）朋友们要谨慎，谗言是不受礼制约束的。

曾参住在费地的时候，当地有个和他同名同姓的人杀了人，于是有人告诉曾参的母亲："曾参杀人了。"曾参的母亲回答说："我儿子不会杀人的。"一边说着，一边淡定自若地织布。不久，又有一个人来告诉曾参的母亲：

"曾参杀人了。"曾参的母亲还算镇定，依旧若无其事地织布。很快，又来了一个人告诉曾参的母亲："曾参杀人了。"曾参的母亲开始慌乱了，布也不织了，翻墙逃走了。曾参虽然贤德，他母亲也很信任他，但三个人质疑他后，曾参的母亲便不再信任自己的儿子了。流言之可怕可见一斑。

如何防止被骗上当？荀子说："流丸止于瓯（ōu）、臾，流言止于知者。"（《荀子·大略》）滚动的弹丸，在低洼的地方会停住，没有根据的传言，到了智者那里就不会再传了。告诫人们要认真判断事物的正误与好坏，以免被骗。

曾母受三人成虎之苦

原 文

故赠人以言，重于金石珠玉；观人以言，美于黼黻 ①、文章；听人以言，乐于钟鼓琴瑟 ②。

——《荀子·非相》

【注释】

① 黼黻（fǔ fú）：古代礼服上所绣的花纹。
② 钟鼓琴瑟：响器与乐器。

【解读】

所以以善言赠送别人，比金石珠玉还贵重；以善言勉励别人，比礼服上色彩斑斓的花纹和文章还美丽；把善言讲给别人听，比钟鼓、琴瑟还动听。

《荀子·非相》是一篇批判相术、反对相术的文章。荀子认为通过观察人的相貌来推测祸福，古代的人没有这种事，有学识的人也不谈论这种事。观察人的相貌不如考察他的思想，考察他的思想不如鉴别他立身处世的方法。相貌不如思想重要，思想不如立身处世的方法重要。不符合道德原则、不遵循礼义的言论是邪说，所以君子要把善言赠送给别人。

【知识链接】

孔子拜别老子，老子向孔子赠言道："吾闻富贵者送人以财，仁人者送人以言。吾不能富贵，窃仁人之号，送子以言。"（《史记·孔子世家》）在老子看来，善言比金钱贵重。

孔子在《论语·季氏篇第十六》中还说："侍于君子有三愆（qiān）：言未及之而言谓之躁，言及之而不言谓之隐，未见颜色而言谓之瞽（gǔ）。"侍奉君子易犯三种过失：言谈尚未论及他而抢先说，叫作急躁；言谈论及他而不说，叫作隐瞒；不看君子脸色而贸然开口，如同盲人。

荀子非常重视语言美，将语言美的标准概括为三点：一曰"言必当理"（《荀子·儒效》），二曰"与人善言"（《荀子·荣辱》），三曰"谈说之术"（《荀子·非相》），三者彼此联系，相辅相成。还提出了君子"好言""乐言"，说明"言"要发乎内心，以诚为本。

"与人善言，暖于布帛；伤人以言，深于矛戟（jǐ）。"（《荀子·荣辱》）好话一句，即使处于寒冷的冬季也感到温暖；伤人的话，就如一把利剑，会刺伤人们的心灵。

《墨子·墨子后语》中记载了一段发人深省的对话："子禽问曰：'多言有益乎？'墨子曰：'虾蟆（há má）蛙黾（miǎn），日夜恒鸣，口干舌擗（pǐ），然而不听。今观晨鸡，时夜而鸣，天下振动。多言何益？唯其言之时也。'"子禽请教老师墨子问道，多说话有什么好处吗？墨子精妙地比喻说：青蛙和苍蝇，每天都叫，把自己弄得口干舌燥，但是却没有人注意它。而院子里的雄鸡，只在天亮的时候叫几声，人们听到后就会马上起床。话多有什么用，切合时机才有用。

孔子求教于老子

原文 ——————————————————————————————

父召无诺①，先生召无诺，唯②而起。

——《礼记·曲礼上》

【注释】

① 诺：应答之辞，嘴上答应却未行动。

② 唯：应答之辞，嘴上一答应，立即付诸行动。

【解读】

"诺"与"唯"是古代两种应答之辞，唯比诺更恭敬。父亲、先生召唤时，不要答"诺"而不行动，要答"唯"后随即起身行动。

【知识链接】

《礼记》对如何说话还有不少的规矩，如："将上堂，声必扬。"（《礼记·曲礼上》）将要上堂，或进入室内，要先发出声音表示自己来到，否则，就有偷听、偷窥他人隐私之嫌。"以适父母舅姑之所，及所，下气怡声。"（《礼记·内则》）在父母、公婆等尊长面前，说话要和颜悦色，声音要柔美和悦。"父母有过，下气怡色，柔声以谏。谏若不入，起敬起孝，说则复谏。"（《礼记·内则》）父母若有过失，为人子者应该和颜悦色，轻声劝止；如果父母没有听取劝止，为人子者则应在父母心情舒畅时，再次劝止。"闺门之内，戏而不叹。"（《礼记·坊记》）在家中，作为子女，可以像小孩子一样嬉笑，让父母开心，但不可以发出忧叹的声音，让父母担心。

孔子在《论语·尧曰篇第二十》中将"言"与"命""礼"三者并举，说："不知命，无以为君子也。不知礼，无以立也。不知言，无以知人也。"不懂得天命，就不能做君子；不知道礼仪，就不能立身处世；不善于分辨别人的话语，就不能真正了解他。孔子认为君子要"知命""知礼""知言"，这是君子立身处世需要特别注意的问题。孔子还认为："君子有三畏：畏天命，畏大人，畏圣人之言。小人不知天命而不畏也，狎大人，侮圣人之言。"（《论语·季氏篇第十六》）从敬畏圣人之言的角度，强调君子"讷言"的必要性。

朱熹也说："言之得失，可以知人之邪正。"（《四书章句集注·论语集注》）朱熹把"言"与人的德性相联系，认为通过对人言语内容以及说话时的动作、表情等的观察，能够看出一个人的品德。

孔子教"言"

原 文

毛^①先生一至楚，而使赵重于九鼎大吕^②。毛先生以三寸之舌，强于百万之师。胜不敢复相士。

——《史记·平原君虞卿列传》

【注释】

① 毛：毛遂，战国时期赵国人，平原君赵胜的门客。

② 九鼎大吕：九鼎，相传为夏禹所铸；大吕，周朝宗庙里的大钟。它们都是传国的宝器，因此用以比喻事物之贵重。

【解读】

公元前 259 年，秦国出兵围攻赵国都城邯郸，赵国派人向平原君赵胜求救。平原君计划从门下食客中挑选二十人，一同前往楚国，结果选来选去只有十九人。这时，门下食客中，有个叫毛遂的人，向平原君自我推荐可以一同去楚国。到楚国后，平原君与楚王谈判，再三陈述利害关系，从早晨到中午，还没决定下来。于是毛遂紧握剑柄，进入殿堂，他言辞激烈，使楚王立即改变了态度，签订了盟约。平原君夸奖毛遂"三寸之舌，强于百万雄兵；一人之辩，重于九鼎之宝"。

人们从这段历史佳话中引申出成语"毛遂自荐"与"一言九鼎"。

"毛遂自荐"比喻自己推荐自己。"一言九鼎"是说一句话抵得上九鼎重，比喻说话力量大，能起很大作用，信誉极高。

【知识链接】

平原君赵胜是"战国四君子"之一。其他三位分别是信陵君魏无忌、春申君黄歇、孟尝君田文。

赵胜贤德有才，好客养士，投奔到他门下的宾客有几千人。赵胜担任过赵惠文王和孝成王的宰相，曾经三次离开宰相职位，又三次官复原职，封地在东武城。

　　《史记·平原君虞卿列传》载，赵胜家有座高楼面对着下边的民宅，民宅中有个跛脚的人，总是一瘸一拐地出外打水。赵胜一位美丽的妾住在楼上，有一天她往下看到跛脚的人打水的样子，就哈哈大笑起来。第二天，这位跛脚的人找上赵胜的家门来，请求道："我听说您喜爱士人，士人之所以不怕路途遥远，千里迢迢归附您的门下，就是因为您看重士人而轻视姬妾啊。我不幸得病致残，可是您的姬妾却在高楼上耻笑我，我希望得到耻笑我的那个人的头。"赵胜笑着答应他。等那个跛脚的人离开后，赵胜又笑着说："这小子，竟因一笑的缘故要杀我的爱妾，不也太过分了吗？"过了一年多，有一多半的宾客以及有差使的食客陆陆续续地离开了赵府。赵胜感到很奇怪，自认为对待各位不曾有失礼的地方，可为什么这么多人离开呢？一个门客走上前去回答说，因为您没杀耻笑跛脚的人的那个妾，大家认为您喜好美色而轻视士人，所以就纷纷离去了。于是赵胜就斩下那个爱妾的头，亲自登门献给跛脚的人，并诚挚向他道歉。从此以后，原来门下的宾客就又陆陆续续地回来了。

毛遂自荐

原文

言有四术：言敬以和，朝廷之言也；文言有序，祭祀之言也；屏气折声①，军旅之言也；言若不足，丧纪之言也。

——《新书·卷六·容经》

【注释】

① 折声：压低声音。

【解读】

贾谊认为，言语有四种表达方式：言语恭敬而温和，是朝廷中的表达方式；文饰的言语有次序，是祭祀时的表达方式；憋住气息压低声音，是在军队中的表达方式；言语有气无力，是丧事中的表达方式。

【知识链接】

语言是与人交流的工具，说什么，如何说，古人都很有讲究，也有不少的规矩。如《礼记·曲礼上》说："在官言官，在府言府，在库言库，在朝言朝。"官、府、库、朝，都是办公场所，在办公场所，只谈论应处理的事务。"朝言不及犬马。"谋政、议政、办公时，不谈及犬马等游乐之事。"公庭不言妇女。"办公时，不要谈及妇女之事。"公事不私议。"不私下议论公事，公事当公议、公办。"居丧不言乐，祭事不言凶。"居丧期间，不要谈及快乐的事；祭祀时，不要谈及凶事。

跟人谈话，其谈话的主题要符合对方的身份，尽量让对方受益。《仪礼·士相见礼》有云："与老者言，言使弟子。与幼者言，言孝弟于父兄。"与做父亲的人谈话，讨论怎样教育孩子。与做子女的谈话，则讨论怎样孝顺父母。

明代官员徐祯稷在《耻言》中说："言之不祥者有五：扬人失者，鸱鸮

（chī xiāo）之言乎；构人衅者，风波之言乎；成人过者，毒鸩之言乎；证人隐者，鬼贼之言乎；伤人心者，兵刃之言乎。"他认为，说话最不应该有的五种情况是：传播别人过失的，是奸邪之言；造成双方争端的，是挑拨之言；引诱他人犯错的，是恶毒之言；揭露别人隐私的，是鬼贼之言；刺伤别人内心的，是刀枪之言。

人们常说的口德，亦是一种说话的艺术，如：得饶人处且饶人；直话，可以转个弯说；冷冰冰的话，可以加热了说；批评人的话，一对一地说，要顾及别人的自尊。要学会赞美别人，学会鼓掌，每个人都需要来自他人的掌声，给别人掌声其实是给自己掌声。

语言是人与人之间沟通的桥梁。语言美是心灵美的外在表现形式，语言美包括交谈的内容、方式等，其基本要素是：待之以礼，言之有物，言之有理，言之有据，言之有味。

在官言官，
在府言府，
在库言库，
在朝言朝。

待之以礼，言之有物

服饰

原 文

予欲观古人之象 ①，日月星辰山龙华虫 ② 作会 ③，宗彝 ④ 藻 ⑤ 火粉米 ⑥ 黼 ⑦ 黻 ⑧ 绨绣 ⑨，以五采 ⑩ 彰 ⑪ 施于五色作服 ⑫。

——《尚书·今文尚书·虞书·皋陶谟》

【注释】

① 象：衣服上的图饰。

② 华虫：指五色之虫、雉鸡，用作冕服上的画饰。

③ 会：绘画。

④ 宗彝（yí）：宗庙彝器上有虎形，这里指虎蜼形绣文。

⑤ 藻：水草。

⑥ 粉米：白米，指白色米形绣文。

⑦ 黼（fǔ）：古代礼服上绣的黑白相间像斧形的花纹。

⑧ 黻（fú）：古代礼服上绣的黑青相间像两个"已"字相背的花纹。

⑨ 绨（chī）绣：刺绣和绘画设色，五彩齐俱。

⑩ 五采：五种颜料。

⑪ 彰：明显。

⑫ 作服：做成服装。

【解读】

日、月、星辰、山、龙、华虫、宗彝、藻、火、粉米、黼、黻，古称十二章纹。人们用五种不同颜色的线将它们绣在衣服上。十二章纹最为尊贵。冕服是古代舆服制度的核心，古代帝王在最重要、最隆重的祭祀场合下，都要穿十二章纹的冕服。"致美乎黻冕"（《论语·泰伯篇第八》），这就是"服以旌（jīng）礼"（《左传·昭公九年》）。

先秦时期的冕服上都绣有十二章纹。古人还依照礼节的轻重，冕服及其章纹有所递减。

【知识链接】

服饰不仅有"避寒暑，御风雨，蔽形体，遮羞耻"的实用功能，也是文化的重要载体，有"分尊卑，别贵贱，辨亲疏"的文化功能。服装是穿在身上的文化。

礼仪之始，在于正衣冠。汉服，亦称华服，是汉族传统的民族服饰，传承五千年，历史悠久。相传黄帝时代，出现了原始的农业和纺织业，人们开始用麻布做衣服，这就是汉服的起源。后来人们又发明了养蚕和丝纺技术，人们的衣冠服饰日趋完善，出现了冕冠，并制定了相应的服饰制度。西周时期礼服制度逐渐完善。礼服制度也叫冠服制度。

最初的汉服以"深衣"为代表。传统深衣有三大特点：一是"交领右衽"，衣服前襟左右相交，汉服向右掩；二是"褒衣宽袖"，衣服宽松，袖子宽大且长过手臂；三是"系带隐扣"，衣服大多不用扣子，而用绳带系结。着装主要有两种基本的形式：一是上衣下裳，商代服饰不论尊卑和男女都是采用上下两段的形制，上着衣，下穿裳，后世称服装为"衣裳"，便源自此，《诗经·国风·邶风·绿衣》亦云："绿衣黄裳"；二是衣裳相连为一体。下衣有裳、绔两种，裳为裙，绔为裤。绔只有两个裤筒，类似套裤，常用细绢织成，故称"纨绔（wán kù）"，富家子弟多穿纨绔，"纨绔子弟"由此而来，意为吃喝玩乐、不务正业的人。

古人素来敬畏天地与自然。他们将上衣分裁为四片，意喻"四季"；下裳分裁为十二片，对应"十二月"；袖圆，对应"天圆"；衣领交叠成矩形，对应"地方"，以寓"天圆地方"。古人将天地藏于衣服，为了时刻提醒自己做人不可任性妄为，上有天，下有地，做人也要有规矩。

　　"中国有礼仪之大，故称夏；有服章之美，谓之华。"（《春秋左传正义·定公十年》）可见中国古老的服饰文化和礼仪制度密不可分。

汉服

原 文

孔子曰："鲤！君子不可以不学，见人不可以不饰①。"不饰无貌，无貌不敬，不敬无礼，无礼不立。夫远而有光者，饰也；近而逾②明者，学也。

——《大戴礼记·劝学》

【注释】

① 饰：修饰、打扮。

② 逾：通"愈"，越发，更加。

【解读】

孔子说："孔鲤！君子不可以不学习，见人不可以不修饰。"因为不修饰就没有仪表，没有仪表就不恭敬，不恭敬就没有礼貌，没有礼貌就不能在社会上立身。那远看有光彩的，是修饰；近看更显明的，是知识。

【知识链接】

孔子是大学问家，注重学问，同时注重仪容服饰，把外在的穿衣和内在的学习提到同样重要的高度。学习是修内，打扮装饰是修外，内外兼修，二者都很重要。他还认为，着装一定要符合客观环境的需要，服装的剪裁一定要讲求细节的完美，色彩搭配和谐是着装完美的第一要义。"君子不以绀緅（gàn zōu）饰，红紫不以为亵服；当暑，袗绤绤（zhěn chī xì），必表而出之。缁（zī）衣羔裘，素衣麑（jǐ）裘，黄衣狐裘。亵裘长，短右袂。……吉月，必朝服而朝。"（《论语·乡党篇第十》）君子不用青中透红或黑中透红的布做镶边，红色和紫色不用来做平常家居的便服。黑色的衣配羔羊皮袍，白色的衣配小鹿皮袍，黄色的衣配狐皮袍。每月初一，一定要穿着上朝的礼服去朝贺。

《礼记·表记》指出："是故君子服其服，则文以君子之容；有其容，则文以君子之辞；遂其辞，则实以君子之德。是故君子耻服其服而无其容，耻有其容而无其辞。耻有其辞而无其德，耻有其德而无其行。是故君子衰绖（dié）则有哀色，端冕则有敬色，甲胄则有不可辱之色。"有德行的人穿上了君子的服装，还要用君子的仪容来加以文饰；有了君子的仪容，还要用君子的谈吐来加以文饰；谈吐高雅了，还要用君子的品德来加以充实。所以君子对于穿上君子服装而没有君子的仪容感到羞耻，对于有君子的仪容而没有君子谈吐感到羞耻，对于只有君子谈吐而无君子品德感到羞耻，对于只有君子品德而无君子行为的应感到羞耻。所以，在着丧服、祭服、军服时，应该有不同的仪容。服饰应该是内心情感合理、合宜的表达。

"质胜文则野，文胜质则史。文质彬彬，然后君子。"（《论语·雍也篇第六》）质朴多于文采，难免显得粗野，文采超过了质朴，又难免流于虚浮。文、质双修，才能成为合格的君子。而君子的修养主要有两个方面，一是学习"诗书六艺之文"，二是躬行实践。

朝服而朝

原文

鸡鸣外欲曙，新妇起严妆①。著我绣袄裙，事事四五通②。足下蹑③丝履，头上玳瑁④光。腰若流纨素，耳著明月珰⑤。指如削葱根，口若含朱丹。纤纤作细步，精妙世无双。

——《玉台新咏·卷一·无名人·古诗为焦仲卿妻作》

【注释】

① 严妆：整妆，郑重地梳妆打扮。

② 通：次，遍。

③ 蹑（niè）：踩，踏，这里指穿鞋。

④ 玳瑁（dài mào）：指玳瑁簪，是一种用玳瑁制作的簪。玳瑁是一种同龟相似的爬行动物，甲壳有光泽，可制装饰品。

⑤ 珰（dāng）：耳饰。

【解读】

公鸡鸣叫，天快要放亮，新妇刘兰芝起身精心地打扮梳妆。穿上昔日的绣花夹裙，每件事都做了四五遍才算妥当。脚穿丝鞋，头上的玳瑁簪闪闪发光。腰间束着流光的白绸带，耳边挂着明月珠装饰的耳珰。十根手指像尖尖的葱根又细又白嫩，嘴唇涂红像含着朱丹一样。小步轻轻，艳丽美妙，举世无双。

《孔雀东南飞》取材于东汉献帝年间发生在庐江郡（今安徽怀宁、潜山一带）的一桩婚姻悲剧。原题为《古诗为焦仲卿妻作》，因首句为"孔雀东南飞，五里一徘徊"，故取作诗名。主要讲述了焦仲卿、刘兰芝夫妇因被迫分离而双双自杀的故事。主人公刘兰芝不仅具有无与伦比的形象美，也是一位勤劳善良、具有中国传统美德的女子。尽管受尽了委屈，但是在辞别时依然认真地进行梳洗打扮，保持了一个女子美好的仪容。

【知识链接】

　　什么是中国女子的传统美，我们可以从刘兰芝的身上找到答案。一是形象美："指如削葱根，口若含朱丹。纤纤作细步，精妙世无双。"二是勤劳能干："鸡鸣入机织，夜夜不得息。三日断五匹。""左手持刀尺，右手执绫罗。朝成绣夹裙，晚成单罗衫。""十三能织素，十四学裁衣。十五弹箜篌，十六诵诗书。"

　　在浩瀚绵延的中国古代文学史上，女子之美，向来是历代文人骚客创作的重要内容。如《诗经·国风·卫风·硕人》中对庄姜的描写："手如柔荑（tí），肤如凝脂，领如蝤蛴（qiú qí），齿如瓠（hù）犀，螓（qín）首蛾眉，巧笑倩兮，美目盼兮。"纤纤玉手，皮肤白皙，脖颈修长，牙齿整齐洁白，额角丰满，眉毛细长，嫣然一笑动人心，秋波一转摄人魂。又如："北方有佳人，绝世而独立，一顾倾人城，再顾倾人国。"（汉·李延年《李延年歌》）形容女子的绝色美貌。成语"一笑倾城""倾国倾城"均出于此。

　　古代女性贵族的礼服中最有代表性的是"凤冠霞帔（pèi）"，与男子的冕服相配。唐代胡风盛行，女子着装开始"衣冠尚带戎"（唐·张惟俭《赋得西戎献白玉环》），并逐渐摆脱了"男女不通衣裳"（《礼记·内则》）的羁绊，女着男装蔚然成风，体现出一种阳刚之美。

中国传统女性之美

原 文

衣正色①，裳间色②。非列采③不入公门④。

——《礼记·玉藻》

【注释】

① 正色：青、赤、黄、白、黑五色。

② 间色：两种原色调配出来的色，绿、橙、紫等杂色。

③ 列采：正色之服，即青、赤、白、黑、黄五色朝服。

④ 公门：古称国君之外门、中门为"公门"，泛称官署，衙门。

【解读】

进入"公门"必须正衣冠，穿礼服。

春秋战国时期，服饰已经被纳入礼制和俗尚的重要系列。朝廷对官员与天下百姓，从祭服、朝服、公服，乃至常服，都有详细的规定。衣服的颜色代表身份的贵卑，并以正色为贵，间色为卑。因为"间色"是正色合成的颜色，只能作为便服或者平民的服饰。

古时各诸侯国崇尚的颜色各不相同，如楚国尚红，秦国尚黑，楚学大家张正明在《楚文化史》中说"楚俗尚赤（红色）"。《墨子·公孟》里也说："昔者，楚庄王鲜冠组缨，绛（jiàng）衣博袍。""绛衣"就是赤色的衣服。

【知识链接】

翻开古籍，很容易看到诸如黄袍、红袖、乌纱、青衫、朱门等包含着色彩的词语，这一方面说明中国古人发达的染色技术，另一方面也能隐隐看到颜色背后所传递出的封建等级制度。

中间色的紫色本来是卑贱之色，但春秋五霸之首的齐桓公却偏偏喜好紫色，特别是到了晚年，齐桓公身上全都是紫色的服饰。"齐桓公好服紫"（《韩非子·外储说左上》）的消息流传到了宫外，百姓纷纷效仿穿上了紫色服饰，使紫色之风一时盛行。

战国时期，秦始皇统一六国后，建立了秦朝。秦朝比较崇尚黑色，以黑色的衣服作为尊贵和地位的象征，所以他们的衣服和旗帜都是黑色的。晋朝认为赤色的衣服是最为尊贵的，晋朝皇帝喜欢穿一件红色的长袍。隋朝两位皇帝都喜欢穿黄色的长袍。唐高祖李渊时期，禁止天下臣民穿黄色衣服，并对官员衣服的颜色与形制有不同的规定：三品以上的官员穿紫色的衣服，四品和五品的官员穿朱色的衣服，六品和七品的官员穿绿色衣服，八品与九品的官员穿青色的衣服。"江州司马青衫湿"（唐·白居易《琵琶行》），大诗人白居易被贬谪后只能穿青色的衣衫。也就是从唐朝开始，黄袍成为皇帝专属的衣服，其他人都被禁止穿黄色的衣服，否则就是对皇帝的不尊敬。黄色成为皇上的御用颜色，紫禁城耀眼的黄色琉璃瓦，尽显富丽尊贵。

获赠黄马褂被视为最高的奖赏。这一规定从唐朝一直延续到清朝。历史上曾出现过两次黄袍加身的政治事件，第一次是后周太祖郭威正式称帝，国号大周，定都汴京，史称后周。第二次是赵匡胤兵变，改朝换代，做了皇帝。后人用"黄袍加身"来比喻建立新朝廷，成为新皇帝。

黄袍加身

原 文

余幼好此奇服^①兮，年既老而不衰^②。带长铗^③之陆离^④兮，冠切云^⑤之崔嵬^⑥。被^⑦明月^⑧兮珮宝璐^⑨。

——《楚辞·九章·涉江》

【注释】

① 奇服：奇异的服饰。

② 衰：懈怠，衰退。

③ 铗（jiá）：剑柄，代指剑。长铗即长剑。

④ 陆离：形容其所佩带宝剑之长。

⑤ 切云：一种高帽子的名称。

⑥ 崔嵬（wéi）：高耸。

⑦ 被（pī）：同"披"，指穿在身上或披在身上。

⑧ 明月：夜光珠。

⑨ 璐：美玉。

【解读】

"奇服""长铗""切云""明月""宝璐"等都是衣服与佩饰，屈原从小就喜欢奇异的服饰，直至年老这种爱好依然不减。屈原以自己不同于众人的服饰，象征自己品德、才能与志向的与众不同。

楚辞本为楚地的歌辞。《楚辞》是先秦时期著名的诗集。《楚辞》的主要作者，是我国古代伟大的爱国诗人屈原，屈原的作品有《离骚》《九歌》《天问》《九章》等，其中影响最大的是《离骚》。

屈原，战国时期楚国诗人、政治家。出生于楚国丹阳秭（zǐ）归（今湖北宜昌）。早年受楚怀王信任，任左徒、三闾（lú）大夫，兼管内政外交大事。后遭贵族排挤诽谤，被先后流放至汉北和沅湘流域。楚国郢（yǐng）

都被秦军攻破后，自沉于汨（mì）罗江，以身殉国。

【知识链接】

中国古代，人们把头饰称为"头衣"，主要有冠、冕、弁（biàn）、帻（zé）四种。贵族男子的帽子叫冠。冕是大夫以上有身份的人戴的帽子。低级武官戴的帽子叫弁。帻是平民百姓包头发的布巾，又称幅巾或巾帻，或称帕头。

旒（liú）冕是古代帝王专用的帽子，经常在最庄重的场合使用。继承皇位者，才可以加冕。

正冠纳履，指端正帽子，穿好鞋子。是人的基本着装礼仪。

据《宋制》一书中记载，汉代与魏晋时期有十三种冠，包括法冠、长冠、高山冠、巧士冠、方山冠，等等。明代，官吏戴乌纱帽。清代，官吏则戴圆锥形的礼帽。古代儒生则着方巾阔服，戴方形帽子。

朱熹对古人服饰提出了"三紧"的要求，所谓"三紧"，就是帽带要紧、腰带要紧、鞋带要紧。三者都扎紧了，人的精神状态才会显得振作，才能表现出对人、对事的郑重。

"瓜田不纳履，李下不正冠。"（三国·曹植《君子行》）说的是走过瓜田，不要弯下身子提鞋；经过李树下面，不要举起手来整理帽子，以避免有偷盗瓜果的嫌疑。成语"瓜田李下"典出于此。

屈原投江

原文

　　胡姬年十五，春日独当垆①。长裾连理带，广袖合欢襦②。头上蓝田③玉，耳后大秦珠。两鬟④何窈窕，一世良所无。一鬟五百万，两鬟千万余。

——《玉台新咏·卷一·辛延年·羽林郎诗一首》

【注释】

①垆（lú）：用土垒成的用作安放酒瓮、酒坛的土台子。

②襦（rú）：短衣，短袄。

③蓝田：地名，在长安东南三十里。蓝田古时以出产美玉出名。

④鬟（huán）：妇女梳成环形的发髻。

【解读】

　　这个姑娘年方十五，春日独自站在酒台边卖酒。长长的衣襟上系着一条连理带，合欢图案的短袄配着宽大的衣袖。头上戴着产自蓝田的美玉，耳后缀着产自大秦的宝珠。两个环形发髻多么好看，在这世上实在是独一无二。一个发髻上的首饰价值五百万，两个发髻上的首饰价值千余万。

　　《羽林郎》是汉代诗人辛延年的作品，以乐府旧题咏新事。该诗描写的是一位卖酒的胡姬，义正词严而又委婉得体地拒绝了一位权贵家豪奴的调戏。这里摘取的是中间十句，描绘女主人公胡姬的美貌俏丽。

【知识链接】

　　远古时代，人们在劳作过程中发现披头散发会影响工作，便用兽骨来固定头发，这就是最原始的头饰。"女子十有五年而笄（jī）。"（《礼记·内则》）说的是女子十五岁时，便由一个妇人代为梳一个发髻，插上一支笄，即我们通常说的簪，后发展为钗、环、步摇、凤冠、华胜、发钿（diàn）、扁方、梳篦（bì）等多种形式。头饰作为女子装扮必备的一部分，成为女子身份的象征，身份、地位不同，所用头饰不同，在不同场合所佩戴的头饰也不一样。

两汉时期，宫廷贵族女性盛行一种叫步摇的首饰，即在簪的一端，加上悬垂的装饰。佩戴步摇后，女子若走路过快的话，步摇上的装饰会叮当作响，声音太大影响形象，显得不识礼节；若走得过慢，步摇就少了摇曳生姿之美。只有不快不慢，步摇灵动的节奏才能给人美的感受。佩戴步摇，是对女性礼仪的约束和要求，即女性要以儒家礼教的规定为标尺，克制情感和欲望，约束自己的行为举止。而步摇上的悬垂装饰恰好起到约束女性礼仪的作用。所以说，步摇不是用来甩的，而是用来端正仪态的。

巾帼也是古人使用的一种首饰，宽大似冠，高耸显眼，内衬金属丝套或用削薄的竹木片扎成各种新颖式样，外边紧裹一层彩色长巾。先秦时期，男女都戴，用作首饰；汉代时，成为妇女专用。"巾帼"后成为对妇女的尊称，称女中豪杰为"巾帼英雄"。

古代以步摇约束女性的仪态

宾礼

原 文

　　辨九拜，一曰稽首①，二曰顿首②，三曰空首③，四曰振动④，五曰吉拜⑤，六曰凶拜⑥，七曰奇拜⑦，八曰褒拜⑧，九曰肃拜⑨，以享、右祭祀。

——《周礼·春官宗伯·大祝》

【注释】

① 稽（qǐ）首：九拜之一。先拱手下地，而后叩头下地。为九拜最恭敬者，多为君臣之礼。

② 顿首：九拜之一，为男子之正拜。双膝跪地，拱手俯身，手、首、心三者平行，再下俯以首急遽（jù）叩地，至地即举。顿，击也。

③ 空首：九拜之一。又叫拜。

④ 振动：九拜之一。即与音乐节拍相应的拜礼。

⑤ 吉拜：谓尚左手之拜。孙诒让说，凡常时之拜皆尚左手，即左手放在右手上而拜。

⑥ 凶拜：谓尚右手之拜。孙诒让说，居丧时之拜，皆尚右手。

⑦ 奇（jī）拜：谓一拜。奇，数目不成双的。

⑧ 褒拜：谓再拜以上之拜。褒，大也。黄以周曰："古人行礼，多用一拜。其或再拜以加敬，三拜以示遍，皆为褒大之拜。"

⑨ 肃拜：九拜之一。屈膝跪地，双手下垂不至于地而头微俯。为妇人所行之常礼。

【解读】

"九拜"指的是古代行礼的九种方式。

稽首这种礼仪在春秋时期以前一般是对最高统治者所行之礼。顿首礼一般用于平辈之间，或地位、身份相同、相近者之间。空首礼是君答臣、上答下的礼仪，是尊长者对卑幼者先行的稽首礼或顿首礼的回拜礼。振拜礼，东汉儒家学者郑玄对《仪礼·乡饮酒礼》注释说"推手曰揖，引手曰厌"。"揖"是指双手相抵，臂成拱形，略微前后推动；"厌"则是上下略微振动。吉拜和凶拜都是丧葬场合的礼仪。奇拜是从空首礼衍生出的拜礼。褒拜，郑玄认为：褒当读为报。报拜，再拜之义。肃拜是"九拜"礼中最轻的一种拜礼，主要为军人、妇人所用。

【知识链接】

在春秋时期以前，稽首一般是对最高统治者所行之礼。如皋陶（gāo yáo）对舜拜稽首，禹对舜拜稽首，傅说对商王拜稽首，等等。春秋以后，礼崩乐坏，旧秩序大乱，稽首之礼就不仅仅限于对最高统治者了，各诸侯国的君主也可以享用。由于拜稽首日益丧失了最重礼仪的地位，要表示比拜稽首更重的礼仪，只有用增加拜的次数来表示了。在先秦典籍中，再拜稽首的记载屡见不鲜，甚至出现了三拜稽首。有学者对《十三经》中拜稽首和再拜稽首的例子分别做过统计，前者出现过 12 例，后者多达 152 例。

诸侯国的大臣若拜见他国君主，应行顿首礼。春秋时，吴国攻破楚国首都郢（今湖北江陵西北），楚王逃亡。楚国大臣申包胥到秦国求救。得知其来意的秦哀公不愿自寻麻烦，拒绝接见他。申包胥就倚着秦国王宫墙壁，"哭，日夜不绝声，勺饮不入口七日。"（《左传·定公四年》）秦哀公被其诚意所感动，于是接见了他。申包胥见到秦哀公后，"九顿首而坐"，向秦哀公陈说利害，秦哀公最终同意出兵救楚。

在古人的书信落款中，也常常说"顿首再拜"。鲁迅先生给朋友写信，末尾多写有"顿首""稽首"这类敬语。

另，男、女行拜礼时，依性别、事宜，两手叠放位置有别。"凡男拜，尚左手""凡女拜，尚右手。"（《礼记·内则》）这是指一般状况下，男子行拜礼时，左手要放在右手上面（前面），女子则右手放在左手上面（前面）。若行凶拜礼时，就要反过来：男子右手在上，女子左手在上。《礼记·檀弓上》就记载了一个相关故事：孔子与弟子们站立行拜礼时，孔子将右手放在左手前。弟子们也纷纷仿效老师的行礼姿势。孔子赶紧纠正说：你们也太好学了吧！不问缘由就仿效我，却不懂得我为何这样行礼。我是因为姐姐去世，还在丧期内，所以行凶拜礼，右手要放在左手前。你们仿效我，是不合乎礼仪的。于是，众弟子赶紧"纠错"，循常礼，将左手放在右手上面。

稽首之礼

原文

和鸾①雍雍②，万福③攸④同⑤。

——《诗经·小雅·蓼萧》

【注释】

① 和鸾：鸾，同"銮"。和与銮均为铜铃，系在轼上的叫"和"，系在衡上的叫"銮"，都是诸侯马车的装饰物。

② 雍（yōng）雍：和谐的铜铃声。

③ 万福：古代妇女对人行礼，口里说着"万福"，祝对方多福。

④ 攸（yōu）：所。

⑤ 同：会聚。

【解读】

四方车马齐聚，鸾铃叮当悦耳，臣民齐祝君王，万福万寿无疆！

《诗经·小雅·蓼萧》全诗共四章，是一首贵族宴会的乐章。这里摘取的是全诗的最后两句。

【知识链接】

古代关于女子的言行规范和习俗较多，女子的见面礼最早是肃拜，女子行"肃拜"，与男子唯一的区别是"男左女右"，即女子手的姿势为右上左下。先秦人们在行礼时，口中道"万福"，故称万福礼，男女通用。唐代武则天执政时，武则天下令，在行为礼仪上，女子不必再行跪拜礼，而是"跪而不拜"，即万福礼。宋代妇女非常流行行万福礼。据南宋理学家罗大经的《鹤林玉露》卷五记载："每晨兴，家长率众子弟致恭于祖祢（mí）祠堂，聚揖于厅，妇女道万福于堂。"《水浒传》第三回也有说："那妇人拭着眼泪，向前来深深的道了三个万福。"

　　行万福礼时，女子应正身直立，上身稍微前倾，双手合拢在胸前，微微屈膝，稍作鞠躬。同辈之间见面或辞别时，常行万福礼。

　　封建社会对女子在礼仪上的要求也十分高，细微的诸如寻常言语举止，也有不少规矩：如站着时，要正身、平视，两手相合掩在袖子里，放在胸口到下腹；坐着时，膝盖要并紧，臀部坐在脚跟上，脚背贴地，双手放在膝盖上，或拢抱在腹部，目视前方。两腿不得岔开。"孟子休妻"说的就是因为看见妻子在家里岔开双腿坐着，觉得有失体统，要把妻子赶回娘家。后因孟母的一番说理，孟子妻子才未被休，但也可以从中看出古人对妇女举止要求之严格。

女子行万福礼

原文

主人拜迎宾于庠①门之外，入三揖而后至阶，三让而后升，所以致尊让也。盥、洗、扬觯②，所以致絜③也。

——《礼记·乡饮酒义》

【注释】

① 庠（xiáng）：古代的学校，特指乡学。

② 觯（zhì）：饮酒器。

③ 絜（jié）：通"洁"，干净。

【解读】

乡饮酒的礼仪是这样的，主人在乡学门外拜迎宾客，宾客进门之后，作揖三次然后来到台阶下，彼此推让三次才登上台阶，以表示互相尊敬谦让。然后洗手洗杯，举杯饮酒。

拜迎、三揖、三让，表达的是主人对宾客的尊重和礼让。

【知识链接】

彼此尊重、谦让、恭敬，是古代君子相互交往的基本原则。

"相见礼"是我国古礼中一个十分重要的方面。《孟子·公孙丑上》说："辞让之心，礼之端也。"也就是说，不好意思接受别人好意的这种心情，恰恰就是"礼"的开端。

《仪礼·士相见礼》比较详细地记述了士相见时，往来交接的具体仪节，以及贵族其他阶层的相见礼仪，如士见大夫、大夫相见、士大夫见君主等。来客执礼前去拜访他人时，不会直接登堂入室。主人接到通报后，会辞谢宾客。即宾有三请，主则有三辞，主再有三辞，宾亦再有三请，前后宾六请，主六辞。而主人回见宾客，也是各有六请、六辞。一来一往，礼数周到。因为古人认为礼的实质就在于"称情而立文"(《荀子·礼论》),礼是为了表达人情的,也最能体现个人之修养。当然,辞让也不是没完没了,一般人相见也不像"相见礼"那样再三推辞。推辞一次,曰礼辞;再辞曰固辞;三辞曰终辞。一般在对方第三次提出请求时,就不能再推辞。

战国时期,孟子的学生万章向孟子请教人际交往的问题。"万章曰:'敢问交际何心也?'孟子曰:'恭也。'曰:'却之却之为不恭,何哉?'曰:'尊者赐之,曰"其所取之者,义乎,不义乎",而后受之,以是为不恭,故弗却也。'"(《孟子·万章下》)孟子认为与人交往最主要的是要恭敬,对于尊贵的人的赏赐,一次又一次地拒绝就是不恭敬,所以不要拒绝。这也是成语"却之不恭"的由来。

平辈男性之间行揖礼

原文

凡与客入者，每门①让于客。客至于寝门②，则主人请入为席，然后出迎客，客固辞，主人肃客③而入。主人入门而右，客入门而左；主人就东阶，客就西阶。客若降等④，则就主人之阶；主人固辞，然后客复就西阶。主人与客让登，主人先登，客从之，拾级⑤聚足⑥，连步以上。上于东阶则先右足，上于西阶则先左足。

——《礼记·曲礼上》

【注释】

① 每门：每过一门。古代天子宫室有五门，诸侯仅三门，大夫只二门，所以称每门。

② 寝门：最内之门，即路门。后泛指内室之门。

③ 肃客：迎进来客。

④ 降等：宾客的等级低于主人。

⑤ 拾（shè）级：逐级登阶。

⑥ 聚足：每上一级台阶，都要把双脚并拢一次，然后再开始登下一个台阶。

【解读】

古人待客时，如果宾客地位高于主人，主人应出大门迎接；如果宾客地位低于主人，主人则在大门内迎接。进门时，主人请宾客先入，恭敬之后，主人引导宾客进入。

古代大户人家的住宅大门内称庭，庭的北边是堂，有东西两排台阶，东边的叫阼（zuò）阶，是主人出入庭堂时所用的；西边的叫宾阶，是宾客出入所用的。在庭的东西两侧各有一条小路通向东西两阶，主人和宾客可以沿着各自的通道去往庭堂。主人和客人还要谦让登阶的先后，主人先登上，客人跟着登上，主人上一级，客人也上一级，客人前脚正跟上主人后脚，拾级而上。上东阶时要先迈右脚，上西阶时要先迈左脚。

【知识链接】

古人迎宾讲究衣冠严整，即使主客在门口不期而遇，主人也会装作不认识，不理不睬地把门关上，等换上衣服再开门迎宾。迎宾时，主人站在门的右边，即主人在东，客人在西，如果在门外面迎接客人就更是如此。客人从门的左侧进入内宅。迎客进门以后，主人要为客人指路，每到拐角，要说"请"，客人答"请"，要为客人开门、掀帘子等。落座时辈分最高、年龄最长者要面向门口就座；接下来按辈分或年龄依次一左一右地排列。

古人对席子的摆设也有许多礼节讲究。如"席不正，不坐"（《论语·乡党篇第十》）。先秦时期没有椅子和桌子，人们都坐在地上的席子上。席的摆设要与室内四边平行，不歪斜，否则就不应该坐。席正而坐，体现坐者的端庄，也是一种礼数。孟子的母亲是个非常讲究礼节的人，据说她为了让未出生的孟子知礼，受到礼教的影响，行"胎教之法"，怀孕时就"席不正，不坐"。

迎客礼仪

原 文

　　将适舍，求毋固①。将上堂，声必扬。户外有二屦②，言闻则入，言不闻则不入。将入户，视必下。入户奉扃③，视瞻毋回；户开亦开，户阖亦阖；有后入者，阖而勿遂④。毋践屦，毋踖席⑤，抠⑥衣趋隅⑦。必慎唯诺。

——《礼记·曲礼上》

【注释】

① 固：平常的习惯。

② 屦（jù）：鞋子。

③ 奉扃（jiōng）：双手犹如捧着门闩的样子。

④ 阖（hé）而勿遂：掩上门但不关死，表示不拒绝后来的人。

⑤ 踖（jí）席：从座位的前方走过。

⑥ 抠：提起。

⑦ 隅（yú）：角落。

【解读】

　　拜访他人，进入正门的时候，要先出声探问。看到门外有两双鞋子，听到有人说话才可以进去，没有听到说话的声音，就不要进去。进门要先脱鞋坐席，甚至脱袜入室，这是最基本的礼节，否则便是对主人不敬。进入室内的时候，视线要放低，不要到处张望。进入室内时双手要像捧着门闩一样恭敬地放在胸前，不要回头张望。如果房门本来是开着的，就继续让它开着；如果是关闭的，就继续让它关闭；如果后面还有人过来，就带上门但不要关紧。进门时不要踩到别人的鞋子，就座的时候也不可以从座位的前方上席，要提起衣服快步走到席的下角上席就座。在席面上谨慎作答，不轻易做出承诺。

《曲礼》所记内容多为日常生活中的细小礼仪。

【知识链接】

　　朋友作为"五伦"（君臣、父子、兄弟、夫妇、朋友）之一，见面时是有专门的礼仪的。尤其是首次拜访有很多的讲究。一是要有约在先，包括登门时要预先告知。快要到达主人家时，先告知一声，向主人确认一下，以便主人有个准备。抵达要准时，不要迟到，也不要早到。相见时要主动问候对方家人及在场的其他客人。进屋先脱鞋，别踩脏了座席。二是作为访客，要注意交谈的内容，控制好时间，注意回避一些话题。还要限定自己交际的空间，一般活动范围以客厅为主，未经主人许可，不能随意乱去他处。三是要妥当告辞，告退时要向在场的所有人道别。回到自己家时要回报平安。

　　古人看望别人说"拜访"，宾客来到说"光临"，等候别人说"恭候"，请人赴约说"赏光"，未及迎接说"失迎"，陪伴朋友说"奉陪"，中途退席说"失陪"，请人勿送说"留步"。送人礼物说"笑纳"，请人谅解说"包涵"，请人决定说"钧裁"，求人帮忙说"劳驾"，请人指点说"赐教"。希望照顾说"关照"，赞扬他人见解说"高见"，归还物品说"奉还"。对方来信说"惠书"，自己住所说"寒舍"。

拜访礼仪

原文

沛①中豪桀吏闻令有重客，皆往贺。萧何为主吏，主进，令诸大夫曰："进不满千钱，坐之堂下。"高祖为亭长②，素易③诸吏，乃绐④为谒⑤曰"贺钱万"，实不持一钱。谒入，吕公大惊，起，迎之门。

——《史记·高祖本纪》

【注释】

① 沛（pèi）：江苏省沛县。古称沛泽、小沛。

② 亭长：秦朝政府机构分为郡县两级。郡管县，县管乡，乡下设亭。乡村每十里设一亭。亭里设亭长，相当于今天小乡派出所所长。

③ 易：轻视。

④ 绐（dài）：欺骗。

⑤ 谒（yè）：拜见、说明、请求，也指掌管晋见的近侍、名帖等。

【解读】

汉高祖刘邦，在秦朝当亭长时，有一回县令宴请各界有名人士，并规定没有钱的只能在大堂外，刘邦没钱，却又想进去看看，于是他递了一个帖子，假称有贺钱一万。这一大胆举动震惊了宴上的吕公，吕公觉得刘邦人不错，后将女儿许配给了刘邦。这里所说的"谒"就是拜访者把名字和其他介绍文字写在竹片或木片上（当时还没发明纸张），作为给被拜访者的见面介绍文书，相当于我们现在的名片。

《史记》是西汉史学家司马迁历时十四年撰写的中国历史上第一部纪传体通史，为"二十四史"之首。全书记载了上至上古传说中的黄帝时代，下至汉武帝太初四年间共三千年左右的历史。分本纪、表、书、世家、列传五部分。其中本纪和列传是主体。

《高祖本纪》叙写的是汉朝的开国皇帝刘邦从布衣到皇帝的传奇一生。

【知识链接】

秦汉时期社会等级森严，"谒"多为达官贵人所用。东汉时期，"谒"易名"刺"。据记载，东汉名士郭泰便经常收到名片，夸张到用车来装。汉末狂士祢（mí）衡也用车装名片，但他的名片不是别人投的，而是为自己做的，因为投不出去，以至于"刺"上的字都磨没了。东汉时期，纸张被发明后，"刺"的材质改为纸张，也促进了"刺"的普遍使用。唐宋时期，"刺"改名"门状"，每次科举考试后，新科进士要想拜访达官贵人，就得先投"门状"，请求主人接见，以期得到赏识、提携。至明朝，"门状"改称"名帖"，学生见老师，小官见大官都要递上"名帖"。"名帖"上的字要大，以表示自己的谦恭，如果太小则被视为傲慢，而且要写满整个名帖。明朝的"名帖"大小约长七寸，宽三寸。清末民初时，"名帖"改称"名片"，以小为尊，官大的名片小，官小的名片大。

古代"名片"的使用规矩也不少，出门拜客必先投"名片"。明清时期，级别不同的人，使用的"名片"也不相同，最明显的区别是颜色，位高权重的人常用红色"名片"。

古代的"名片"还用来拜年。古代交通落后，春节时不能一一拜访亲朋好友，这时就可以派遣仆人携名片去拜年，称"飞帖"。唐太宗李世民命人用赤金箔做成贺卡，御书"普天同庆"，赐予大臣。各家也都会在门前贴一个红纸袋，用来接"飞帖"，意为接福。明朝诗人文徵明在《拜年》中描写"飞帖"："不求见面惟通谒，名纸朝来满敝庐。我亦随人投数纸，世情嫌简不嫌虚。"

"名片"的使用沿袭至今，还传到了国外，日语目前都还在使用"名刺"一词。

递送名帖礼仪

礼尚①往来。往而不来，非礼也；来而不往，亦非礼也。

——《礼记·曲礼上》

【注释】

① 尚：注重。

【解读】

礼最重要的是有来有往，若对方施惠于自己，自己却不报答，那就是失礼的行为。礼强调的是交往中"对等"的原则。

"礼尚往来"不仅是指人与人之间交往的原则，国家与国家之间的访问，也多遵循这样的原则。"已聘而还圭璋，此轻财而重礼之义也。"（《礼记·聘义》）大使即将归国时，国君会将对方送的礼品悉数归还。

《诗经·国风·卫风·木瓜》中"投我以木瓜，报之以琼琚（jū）""投我以木桃，报之以琼瑶""投我以木李，报之以琼玖"，以"琼琚""琼瑶""琼玖"之类的美玉来回报对方的"木瓜""木桃""木李"之类的水果，价值不对等但情意相当。

【知识链接】

礼尚往来除了对等的原则，古人对送什么礼也大有讲究。

登门拜访，不能空手而去。在周代，称拜访他人时所带的手信为"挚"（也写作"贽"）。《周礼》早就规定好了见什么样的人带什么样的礼："以禽作六挚，以等诸臣。孤执皮帛，卿执羔，大夫执雁，士执雉，庶人执鹜，工商执鸡。"（《周礼·春官宗伯·大宗伯》）士人的挚礼是雉，也就是野鸡。取野鸡特立独行的特征，象征着士人耿介、正直不阿的性格；大夫的挚礼是雁，取大雁按季节有序飞行的特征，象征着大夫能够分辨时宜，帮助君主施行政治；卿的挚礼是羔羊，取羔羊紧跟着领头羊的特征，象征着公卿效忠于国君，团结一致，却不拉帮结派。

在民间，收礼的人会在第二天到送礼人的家回访，并且还会将收到的挚礼原封不动地归还。宾客和主人会辞让数次，然后才接受归还的挚礼。这个礼节被称为"还挚"。挚礼在主人和宾客手中转了一圈，不增也不减，但主宾二人却因此沟通了情谊、表达了恭敬。

《礼记·曲礼上》又说："贫者不以货财为礼，老者不以筋力为礼。"贫穷的人不拿财物作为礼物，年老的人不以力气作为礼物。说得明确一点，就是不要以自己所缺少的东西来送礼。

唐朝时，云南土司缅氏得到一只珍贵的天鹅。为了表示对唐王朝的拥戴，就派使者缅伯高把天鹅献给皇帝。途中天鹅突然展开翅膀飞走了，缅伯高只抓到一根天鹅的羽毛，于是只好带着这根鹅毛进京。进贡时，他怕皇帝生气，治他的罪，于是把事情的经过和自疚的心情写成一首诗，连同鹅毛一并献上。诗是这样写的："将鹅贡唐朝，山高路遥遥。沔（miǎn）阳湖失去，倒地哭号号。上复唐天子，可饶缅伯高？礼轻人意重，千里送鹅毛。"皇帝见了这首诗，觉得句句情真意切，朴实感人，不仅没有责怪他，反而给了他赏赐。这首诗，经后人传诵，最后精练成为"千里送鹅毛，礼轻情意重"的俗语，成为我国民间礼尚往来、交流感情的谦辞。

千里送鹅毛

嘉礼

 原 文

　　子生，男子设弧^①于门左，女子设帨^②于门右。三日，始负子，男射女否。国君世子生，告于君，接以大牢^③，宰掌具。三日，卜^④士负之，吉者宿齐，朝服寝门外，诗^⑤负之，射人以桑弧、蓬矢^⑥六，射天地四方。

——《礼记·内则》

【注释】

① 弧：弓。弓代表武事，是生男的标志。

② 帨（shuì）：佩巾，是生女的标志。

③ 牢：牲畜。

④ 卜：选择。

⑤ 诗：通"持"，承接。

⑥ 蓬矢：用蓬草制作的箭。

【解读】

　　孩子出生以后，如果是男孩就在门左边挂一张弓，如果是女孩就在门右边挂一条佩巾。男孩出生后的第三日行射礼。国君的嫡长子出生，第三天，要射箭六支，一箭射天，敬事天神；一箭射地，敬事地祇（qí）；四箭分别射向东、西、南、北，表示将来威震四方。

【知识链接】

人的诞生之日，俗称"生日"。婴儿降生，是人生的开始，也是人生的大事、喜事，家人欢欣，亲朋相贺。诞生礼多在小孩出生三天后举行，不同地区、不同民族的庆祝形式多有不同。

汉族传统的诞生礼包括：孩子出生第三日的诞生礼、三日后的三朝礼、出生一月的满月礼、出生百天的百日礼、一周岁的周岁礼。家人亲朋以诞生、三朝、满月、百日、周岁五种主要礼仪，完成对一个新生命的迎接。

如今，不少地方仍沿袭这些习俗，并赋予一些新的内容，可以说是中国古老民俗文化的一种"遗风"。如在孩子周岁时，有"抓周"的习俗，会准备诸如笔、书、计算器、乐器、玩具等让孩子自由选取。

抓周礼

原文

天子命之教，然后为学。小学在公宫南之左，大学在郊。天子曰"辟雍"①，诸侯曰"頖宫"②。

——《礼记·王制》

【注释】

① 辟雍（yōng）：周天子为世子及贵族子弟设立的大学，其形四方环水，形如璧，故称"辟雍"。辟，通"璧"。雍，通"壅"，今作"雍"。

② 頖（pàn）宫：又作"泮宫"，诸侯为世子及贵族子弟设立的大学，东、西两门以南有水相环而通。

【解读】

天子下令开办教育，然后设立学校。小学设在国君宫廷之南左侧，大学设在国都郊区。天子所设的大学称"辟雍"，诸侯所设的大学称"頖宫"。

【知识链接】

古人把学生入学称为"入泮"，即开始接受学堂教育。入学的童子举行"入泮"仪式。入泮礼的第一个环节就是把衣服鞋帽都穿戴好，打扮得整整齐齐，然后大家要排好队，依次跨过半圆形的水池，登大成殿拜孔子像，行入学礼。

在古代，开笔礼（即入学礼）极其隆重，与成人礼、婚礼、葬礼一起被视为人生四大礼。

入学礼有正衣冠、行拜师礼、净手净心、朱砂开智等内容。古人认为："先正衣冠，后明事理。"入学的第一课就是让学生注重自己的仪容，再举行祭祀先圣先师的仪式。学生先叩拜先师孔子神位，双膝跪地，九叩首；

而后拜私塾先生，三叩首。

朱砂开智也叫"朱砂启智"或"朱砂点痣"，具体做法是教书先生手持蘸着朱砂的毛笔，在学生眉心处点上一个像"痣"一样的红点。因为"痣"与"智"谐音，"朱砂点痣"，意为开启智慧，希望学生在日后的学习中能目明心亮、一点就通。

古代的儿童一般4至7岁入私塾读书，称之为"开书""破学"或"破蒙"。破蒙以识字、写字为主。《大戴礼记·保傅》称，"古者年八岁而出就外舍，学小艺焉，履小节焉"。许多古代名人8岁入学，如东汉哲学家王充、宋代文学家苏东坡等。孙思邈7岁入学时，已能"日诵千余言"，被称为圣童。礼、乐、射、御为大艺，书、数为小艺。秦汉时期启蒙教材主要有《仓颉篇》《凡将篇》《急就篇》等。宋代以后，最著名的启蒙读物是"三百千"，即《三字经》《百家姓》《千字文》。《千字文》共250句四言韵语，对仗工整，声韵流转，条理清晰，内容涵盖人文、历史、自然、社会、伦理、教育等多方面的知识。

据当代语言学家张志公先生的《蒙学书目稿》统计，上起周秦、下迄民国的两千余年中，蒙学教材有580种之多。北京师范大学教育学部教授徐梓的《传统蒙学与蒙书研究》在此基础上作了增补，达到1300多种，实际上可能远远不止这些。

开笔礼

原文

　　凡学，春，官①释奠②于其先师③，秋、冬亦如之。凡始立学④者，必释奠于先圣⑤、先师，及行事，必以币⑥。凡释奠者，必有合⑦也，有国故⑧则否。凡大合乐，必遂养老。

——《礼记·文王世子》

【注释】

① 官：教授诗书礼乐的官。

② 释奠（diàn）：释，设置。奠，陈放。设置一些菜肴来呈供。

③ 先师：已去世的有道德的教授诗书礼乐之人。

④ 始立学：指诸侯国受天子之命建立学校。

⑤ 先圣：先代圣王，如尧、舜、禹、汤、周文王、周武王等。

⑥ 币：祭礼用币帛。

⑦ 合：谓合乐，即配合音乐舞蹈一起表演。

⑧ 国故：国家有了事故，如战争、灾荒等凶事。

【解读】

　　古时所有的学校，在春季都要举办较简单的仪式祭祀先圣和先师。由掌教的官员举行释奠礼，祭先师。秋季、冬季也举行释奠礼，祭祀先圣和先师。在行释奠礼时用币帛。举行释奠礼时，有乐有舞，如遇国家发生战争、灾荒等事故时，则不用舞乐。凡是举行大规模的舞乐之时，同时举行养老之礼。

　　在周朝，释奠礼的祭奠对象，有三种：一是先师，二是山川之神，三是庙社之神。春秋末期，孔子集文化之大成，办私塾，有教无类。唐贞观四年（630年），太宗下诏要求全国各州县建立孔庙，奠定了孔子作为天下儒学先师的正统地位。

【知识链接】

《礼记·内则》规定，儿童十岁时出门拜师求学，不论是进私塾，还是入庠（xiáng）序等学府，都要行拜师礼。先秦时期，初次拜见老师是以"束脩（xiū）"（即干肉）作为礼物，并举行相应的拜见仪式，以表达敬意。后来，儿童求学的年龄大多提前到七八岁，拜师的仪式也一直延续下来。学童入学拜孔子也渐渐成为一种礼俗。

《论语·学而篇第一》开篇就提出："学而时习之，不亦说乎？"以"学"字作为整部《论语》的领起，说明"学"是安身立命、经世致用的关键。古人所学乃圣贤之道，而"道之所存，师之所存"（唐·韩愈《师说》）。故《礼记·学记》云："凡学之道，严师为难。师严然后道尊，道尊然后民知敬学。"尊师、敬学对于传道、治国等都至关重要。

《荀子·大略》有云："国将兴，必贵师而重傅……国将衰，必贱师而轻傅。"纵观中国千年历史的兴衰可以发现：凡是尊师重道的时期都是政治清明，乃至出现盛世的时期；凡是轻师贱道的时期都是王朝走向衰败和灭亡的转折点。

孔子视老子为自己的老师，专程登门求教，老子则整顿衣冠出门迎接。孔子恭恭敬敬地向老子行了弟子礼。进入大厅后，孔子再拜后才坐下来。孔子回到鲁国后对弟子们说，老子博古通今，犹如天上的龙。

束脩

入学礼

原文

二十而冠^①，始学礼。

——《礼记·内则》

【注释】

① 冠：帽子，礼帽。

【解读】

男孩子到了二十岁，就要举行加冠之礼，绾起头发，戴上帽子，以示成人。冠礼是男孩子的成人礼。从这个时候开始，男孩也要学习成人礼仪。

"冠者，礼之始也。"（《礼记·冠义》）儒家将冠礼定为"礼仪之始"。所以，自周公"兴正礼乐"，冠礼就成为周代通行数百年的礼仪。

男子二十岁行冠礼，后世将二十岁称作"弱冠"。

【知识链接】

古代男子冠礼在宗庙进行，由父亲主持，并由指定的贵宾给行冠礼的男子加冠三次，先后加缁（zī）布冠、皮弁（biàn）、爵弁，分别表示有治人、为国出力、参加祭祀的权利。加冠后，由贵宾向冠者宣读祝辞，并为他取一个与俊士德行相当的"字"。"幼名，冠字。"（《礼记·檀弓上》）古人出生三个月，父母要为其取"名"，二十岁的冠礼上，男孩子还要再取一个"字"。"已冠而字之，成人之道也。"（《礼记·冠义》）冠礼仪式当中最重要的环节是取"字"，表示正式成人。《礼记·冠义》系统阐述了对成人的基本要求："容体正、颜色齐、辞令顺。""正君臣、亲父子、和长幼。""故孝、弟、忠、顺之行立，而后可以为人。可以为人，而后可以治人也。"简单地说，举行冠礼就是要提示行冠礼者从此将由"孺子"转变为正式跨入社会的成年人。只有能履践孝、悌、忠、顺的德行，才能成为合格的儿子、合格的弟弟、合格的臣下、合格的晚辈，成为各种合格的社会角色。只有这样，才能称得上是"人"，也才有资格去治理别人。

举行冠礼之后，男孩子就可以称为"男人"，可以言婚嫁、当官封爵。

在古代，"名"和"字"是两个完全不同的概念，但"名"和"字"之间也有着非常有趣的关联。孔丘，字仲尼。孔子生于山东曲阜附近的尼山，又称尼丘，"丘"和"尼"是相互补充的关系，"仲"又点出了孔子排行第二。岳飞，字鹏举，"飞"和"举"含义相同。杜甫，字子美，"甫"是对男子的美称，与"美"含义相近。韩愈，字退之，"愈"是"进"的意思，与"退"含义相反。

加冠

男子行冠礼

原 文

（女子）十有五年而笄①。

——《礼记·内则》

【注释】

① 笄：发簪。

【解读】

从周代开始，女子十五岁称为"及笄"。"女子许嫁，笄而醴之，称字。"（《仪礼·士昏礼》）如果不出嫁，满二十岁也要举行笄礼，与男子的冠礼一样，是一种成人仪式，程序大体和冠礼相同，但规模比冠礼要小得多。"昏姻冠笄，所以别男女也。"（《礼记·乐记》）主行笄礼者为女性家长，由约请的女宾长辈为少女加笄，将少女的发辫盘至头顶，用簪子插住。表示女子成年了可以结婚了。贵族女子受笄后，一般要接受成人教育，授以"妇德、妇容、妇功、妇言"，以及作为媳妇必须具备的待人接物、侍奉公婆的品德礼貌与女红劳作等技巧本领。

【知识链接】

笄礼是中国汉民族传统的女子成人仪礼。笄礼的仪式比较复杂，包括主持、服饰、礼器等。历史上，笄礼对于女性的成长有激励和鼓舞的作用。

笄礼日期定在成人者的生日，或者是对其有重要意义的日子。不过，春节、清明节、中秋节不适合行笄礼。笄礼在"家庙"进行，并且在正堂东边还需搭建一些其他设施，称为"东房"。女孩在未行礼之前要在童子服上增加头饰与外衣，然后三次加笄。第一次戴上发笄和罗帕，穿上素色的襦裙；第二次加上发簪，着曲裾（jū）和深衣；第三次加上钗冠，穿上正式的大袖长裙礼服。三次加笄不同的服饰，分别有不同的含意，象征着女孩子成长的过程——采衣色泽纯丽，象征着女童的天真烂漫；襦裙色浅素雅，象征着豆蔻少女的纯真；深衣、曲裾，象征着花季少女的明丽；最后的大袖礼服，雍容大气，典雅端庄。主要是为了让女子通过服饰，真切地感受到自己的存在和被关注，并能用认真的态度去对待成长、对待生活。

女子加笄，意味着要以成年人的身份，承担家族的责任。

加笄

女子加笄礼

原文 ━━━━━━━

凡养老：有虞氏 ① 以燕礼，夏后氏以飨礼，殷人以食礼 ②，周人修而兼用之。

——《礼记·王制》

【注释】

① 虞氏：舜帝。

② 燕礼、飨（xiǎng）礼、食礼：均为古代饮食之礼。

【解读】

尧舜时用燕礼，夏后氏（禹）用飨礼，殷人用食礼，周人承袭了上古的传统礼仪，献给老人酒食，表达敬意。

古代的敬老、养老的礼制在夏、商、周三个朝代的基础上，不断发展与完善，并形成了一套比较完整的制度。

【知识链接】

"乡饮酒礼"是古代嘉礼的一种，也是我国古代规模最大、最隆重的敬老大典。举行乡饮酒礼的主旨为宴请德高望重的老人，优礼贤能。

乡饮酒礼是周代举行的宴饮之礼，一般于正月吉日在京师及省府县的学馆举行，由大夫和地方长官主持，行乡饮之礼，向德高望重的老者表达敬意，费用大部分由国库开支。

"冬十月壬子，幸辟雍，初行养老礼。"（《后汉书·显宗孝明帝纪》）辟雍，本为周天子所设大学，校址呈圆形，周围是水池，前门外有便桥。东汉以后，历代皆设有辟雍，作为尊儒学、行典礼的场所，以及行乡饮、大射或祭祀之礼的地方。

清朝的康熙、乾隆皇帝曾先后三次举办千叟宴。凡年龄在 65 岁以上者，均可参加由朝廷举行的千叟宴。

"老吾老"是儒家的中心话题之一，并留下了许多充满人文关怀的养老准则与制度。如："杖者出，斯出矣。"（《论语·乡党篇第十》）"杖者"，老人，让老人先行，然后自己再走。又如："五十养于乡，六十养于国，七十养于学。"（《礼记·王制》）年满五十的养于乡学，年满六十的养于国学中的小学，年满七十的养于大学。

古代帝王在推行养老制度的同时，也针对一些不孝之人进行惩戒。春秋战国时期，虽然战乱频繁、社会动荡，但是尊老的传统仍受社会的承认与重视。据《左传·襄公三十年》中记载，晋国有一名 73 岁的老人被征去修筑长城，当时的大夫知道后，诚恳地道歉，还将老人送回家，分给他田地，撤销了违反养老政策的官员的职务。

千叟宴

食礼

原文

项王、项伯东向坐，亚父南向坐。亚父者，范增也。沛公北向坐，张良西向侍①。

——《史记·项羽本纪》

【注释】

① 侍：陪从，服侍。

【解读】

古代宴席以坐西面东为尊位，坐北面南次之，坐南面北又次之，坐东面西为下座。鸿门宴上的这种座次，说明项王、项伯的位置是主座，刘邦本应坐客座，但客座上坐的却是范增，表明项羽对刘邦的轻视。

该篇讲的是鸿门宴的故事，是汉代史学家、文学家司马迁创作的一篇史传文，是中国两千年来脍炙人口的名篇。

【知识链接】

《礼记·仲尼燕居》云："席而无上下，则乱于席上也。"孔子认为，如果没有决定好宴席的座次，那么宴席一定会混乱无序。

古人排座次首先是确定"尊位"，不同的历史时期，筵席有不同的形式，席位的尊卑次序亦有变化。"堂上以南向为尊。"（清·凌廷堪《礼经释例》）先秦时期，筵席中向南的席位是最尊贵的，一般这个位置会留给客人或宴席的主角。

　　桌子、凳子的出现，使人们从"一人一桌一席"转为多人同桌就餐。多人同堂共食，除了要注意桌（席）与桌（席）之间的次序，还需要讲究同一桌（席）中宴客的座次。明清时期，四人桌的排列遵循"左为上"原则，同席向南的座位为首座，对面向北的为次座，首座的右手边（即"下"方）为三座，次座的右手方为四座。八人桌同样遵循"左为上"的原则。清代时期，圆桌开始普及。圆桌无法选择方位来定尊卑，但习惯上依然遵循"左为上"的原则，将面向门口的位置定为尊位，主人座的对面设副陪位，方便副陪招待客人。

　　中餐通行的规范是：主人坐于上方的正中，主宾在其右，副主宾居其左，其他与宴者依次按从右至左、从上向下排列。

圆桌礼

原文

凡进食之礼，左殽①右胾②，食居人之左，羹居人之右。脍炙③处外，醢④酱处内；葱渫⑤处末，酒浆⑥处右。以脯脩⑦置者，左朐⑧右末。

——《礼记·曲礼上》

【注释】

① 殽（yáo）：带骨切块的熟肉。

② 胾（zì）：切片的纯肉。

③ 脍（kuài）炙：细切的肉和烤熟的肉。

④ 醢（hǎi）：肉酱。

⑤ 渫（yì）：蒸葱。

⑥ 浆：酒的一种，里面有米汁。

⑦ 脯（fǔ）脩：干肉。脯是条状干肉，脩是用姜、桂等调料加工并捶捣结实的条状干肉。

⑧ 朐（qú）：弯曲的干肉。

【解读】

古人陈设便餐，带骨的菜肴放在左边，切好的纯肉放在右边。干的食品菜肴靠近人的左手边，羹汤放在人的右手边。细切的和烧烤的肉类放远些，醋和酱类放在近处，葱等辅料放在旁边，酒浆等饮料和羹汤放在同一方向。如果要分干肉、牛脯等，则弯曲的肉在左，直的肉在右。

《礼记·少仪》中也有详细记载，上鱼时，如果是烧鱼，要将鱼尾向着宾客；冬天鱼肚向着宾客的右方，夏天鱼脊向着宾客的右方。

这些摆设次序，在家里以尊长的座位为准；宴请客人时，则以最尊贵的客人座位为准。

【知识链接】

《礼记·曲礼》记载了古代上菜布食的总体要求。《礼记·礼器》还对不同身份的人上多少道菜做了规定："天子之豆二十有六，诸公十有六，诸侯十有二，上大夫八，下大夫六。"这里的"豆"说的是菜。

上菜一般是先冷荤，后热菜及汤，继以最贵肴馔（zhuàn）。每进一肴，主人必举杯劝酒、劝食。

清代文学家、诗人、美食家袁枚在《随园食单》中将上菜的顺序总结为："上菜之法，咸者宜先，淡者宜后；浓者宜先，薄者宜后；无汤者宜先，有汤者宜后。"上菜时口味应该由重到轻。

据载，缙云氏有个不成器的儿子，贪恋食物、暴饮暴食，又贪图财物，天下人都说他是"饕餮"。季文子借这个故事告诫鲁文公要节制饮食。同样，身为政治家的晏子也以食不果腹、饥寒交迫的百姓为例，劝诫齐景公戒奢。

上菜一般是先冷荤，后热菜及汤，继以最贵肴馔。每进一肴，主人必举杯劝酒、劝食。

上菜礼仪

原文 ─────────────────────────────────────

　　共食不饱，共饭不泽①手。毋抟饭②，毋放饭，毋流歠③，毋咤食④，毋啮骨，毋反鱼肉，毋投与狗骨。毋固获⑤，毋扬饭⑥，饭黍毋以箸，毋嚃⑦羹，毋絮羹⑧，毋刺齿⑨，毋歠醢⑩。客絮羹，主人辞不能亨⑪。客歠醢，主人辞以窭⑫。濡肉⑬齿决，干肉不齿决。毋嘬炙⑭。

——《礼记·曲礼上》

【注释】

① 泽：揉搓。古人直接用手抓饭吃，与人一同吃饭，手应洁净，不能临吃饭时才揉搓双手弄干净，令人感到醒龊，又会弄脏饭食，对共饭者不敬。

② 抟（tuán）饭：捏饭成团。

③ 流歠（chuò）：喝汤像流水一样不停地喝。歠，喝，饮。

④ 咤（zhà）食：进食时口舌作响，似乎是嫌弃主人的饭食。

⑤ 固获：指专拣某种食物吃。

⑥ 扬饭：扬去饭的热气，这样就显得急不可待。

⑦ 嚃（tà）羹：指不加咀嚼而连菜吞下，这种行为有贪快争食之嫌，吃相不好。

⑧ 絮（chù）羹：加盐、梅等调味品于羹中以调味，这样做令人觉得是嫌主人的食物味道不好。絮，调拌。

⑨ 刺齿：剔牙。

⑩ 歠（chuò）醢（hǎi）：喝蘸食用的肉酱。这样做会令人觉得是在嫌主人的食物味道太淡。醢，调味的肉酱。

⑪ 亨：同"烹"，烹调。

⑫ 窭（jù）：贫穷，贫寒。指因贫穷而不能使礼数周到，使客人满意。

⑬ 濡（ér）肉：煮烂湿软的肉。濡，同"胹（ér）"，烹煮。

⑭ 嘬（chuài）炙：一大口吃尽烤肉。指吃相难看，有贪婪之嫌。嘬，一口而尽。

【解读】

共食是一种在一定的群体范围内进行的餐食活动，或家庭、或某一群人，所以得用社会认可的礼仪来约束每一个人，使每个人的行为都能遵守饮食之礼。

这里提到的"十四毋"，是十四种失礼的吃相。即不要用手搓饭团；不要把吃剩的饭放回锅中；喝汤不要像流水一样不停地喝；吃喝时不要发出声音；不要啃骨头；不要把拿起的鱼肉又放回盘里；不要把肉骨头扔给狗；不要专挑某种食物吃；不要迫不及待地扬去饭中热气；吃黍蒸的饭用手，而不用筷子；不可以大口大口地喝汤；不要当着主人的面调和菜汤；不要当众剔牙齿；也不要喝调味的蘸酱。

【知识链接】

"子能食食，教以右手。"（《礼记·内则》）古人在小孩子能吃饭时，就会教给他们怎样使用右手吃东西。还定了不少就餐规矩，如进餐时，长辈开始吃了晚辈才能开始吃，一手扶碗，一手拿筷子。筷子要用对，夹菜的时候，除了之前说的不要乱翻以外，夹菜宜少量多次。如果跟不熟悉的人吃饭或者特别重要的场合，别夹离自己太远的菜。没事不要把筷子含在嘴巴里，不要在饭菜还含在嘴里尚未下咽的时候就同别人讲话。忌打嗝，忌打喷嚏。坐着别抖腿，等等。

"食不言，寝不语。"（《论语·乡党篇第十》）孔子也认为嘴里嚼着东西的时候，不可以说话。在他看来吃东西的时候说话，是一种十分不礼貌的行为。

早在春秋战国时期，人们大多采取分餐制。"各彻其馈，如于宾客。"

（《管子·弟子职》）即一人一案，每个人的案上都放着属于自己的食物，并不在同一张桌子上用餐。隋唐时期，贵族阶层开始采用合餐制，所有人围坐在桌前一同用餐，以满足社交的需求。至元明清，合餐制开始流行并成为主流。

先秦时期的餐食礼仪

原 文

羹①之有菜者用梜②，其无菜者不用梜。

——《礼记·曲礼上》

【注释】

① 羹：汤。

② 梜（jiā）：筷子。

【解读】

汤里有菜，可以用筷子，没有菜就不能用筷子。

筷子，古称箸、筯、梜、筴等，这些字都有"竹"或者"木"的偏旁，说明制作筷子多用竹子和木头。

【知识链接】

很早很早以前，饭是用手抓着吃的，筷子是用来取菜的。《礼记·曲礼上》中记载了吃黍米饭的正确做法——"饭黍毋以箸"，吃黍米饭时是不用筷子的。"饭必奉擥（lǎn），羹不以手。"（《管子·弟子职》）吃饭必须用手捧食，羹汤不能用手拿拣。《礼记》中也记载，春秋战国时期人们吃饭时也不用筷子，取菜时才用筷子；吃汤中的蔬菜时用筷子，没有蔬菜的汤是不用筷子的。

关于筷子的起源，一说是姜子牙受神鸟启示发明丝竹筷；二说是妲己为讨纣王欢心而发明用玉簪作筷；三是说大禹治水时为节约时间以树枝捞取热食而发明筷子。

筷子在先秦时期称"梜"，汉时称"箸"，明代开始称"筷"。西汉学者史游在《急就篇》说："箸，一名梜，所以夹食也。"

如何使用筷子，古人有不少禁忌：忌"仙人指路"，即用大拇指和中指、无名指、小指捏住筷子，食指伸出拿筷子；忌"品箸留声"，即把筷子的一端含在嘴里，用嘴来回嘬，不时地发出咝咝声响；忌"击盏敲盅"，即用餐时用筷子敲击盘碗；忌"执箸巡城"，即手里拿着筷子来回在菜盘里寻找，不知从哪里下筷子；忌"迷箸刨坟"，即手里拿着筷子在菜盘里不住地扒拉；忌"泪箸遗珠"，即用筷子往自己盘子里夹菜时，将菜汤流落到其他菜里或桌子上；忌"颠倒乾坤"，即用餐时将筷子颠倒使用；忌"定海神针"，即用餐时用一支筷子去插盘子里的菜；忌"当众上香"，即帮别人盛饭时，把一副筷子插在饭中递给对方，因为古人只有在祭祀先辈之时，才将筷子插在饭碗当中。

勿用筷指人，
勿含筷发声，
勿敲打碗盘，
勿来去寻菜，
勿用筷翻菜，
勿夹菜撒落，
勿颠倒拿筷，
勿用筷插菜，
勿用筷插饭。

用筷礼仪

风俗礼仪

原文

载，岁①也。夏曰岁，商曰祀②，周曰年，唐虞曰载。

——《尔雅·释天第八》

【注释】

① 载、岁：年的别称。

② 祀：年的别称。

【解读】

古人以载、祀、岁、年纪年。夏朝曰岁，取星绕行一周纪年；商朝取四时祭祀活动自始而终，恰为一年；周朝取禾熟为一岁名；唐虞时代取万物终而更始，草木初生的春天作为一年的开始，叫作"载"。正如晋代郭璞总结的那样："岁，取岁星行一次；祀，取四时一终；年，取禾一熟；载，取物终岁更始。"

《穀梁传·桓公三年》说："五谷皆熟为有年。"有"年"，就是有了好收成。"年"是一件美好的事情。

古人对"年"的不同称谓，是传统的农耕文化、历法文化以及中华先民崇敬自然、怀念先祖的思想的反映，是对大自然运行规律的朴素认知。

《尔雅》是中国古代最早的词典，是辞书之祖，也是第一部按照词义系统和事物分类来编纂的词典。《尔雅》最早见于《汉书·艺文志》，作者姓名不详。成书时间大约在战国至两汉之间。

【知识链接】

《尚书·虞书·尧典》明确记载："期三百有六旬有六日，以闰月定四时，成岁。"一年有三百六十六天、有春夏秋冬四季的循环，一个循环就是一岁。

"正月之旦，是谓正日。躬率妻孥（nú），絜（jié）祀祖祢。"（《四民月令·正月》）每到春节，全家人都要祭天地先祖，祈求来年福泽丰收。魏晋时期，人们开始在除夕守岁，如晋朝周处所著的《风土记》中记载：除夕之夜大家各相与赠送，称"馈岁"；长幼聚欢，祝颂完备，称"分岁"；终夜不眠，以待天明，称"守岁"。唐代人们除登门拜年外，还发明了一种"拜年帖"。宋时民间开始普遍用纸筒和麻茎裹火药编成串做成"编炮"，即鞭炮，除夕、春节放爆竹逐渐盛行，因此有诗句"爆竹声中一岁除，春风送暖入屠苏。"（宋·王安石《元日》）明代，接灶神、贴门神、除夕守岁、十五赏灯会已经非常盛行。《万历嘉兴府志》中记载："除夕，易门神、桃符、春帖，井限（wēi）皆封。爆竹，燔（fán）紫，设酒果聚饮，锣鼓彻夜，谓之守岁。"清代宫廷过年十分奢华，皇帝有写福字下赐群臣的习俗。过年要一直延续至元宵佳节才算结束，猜灯谜是甚为流行的娱乐方式。辛亥革命后，国民政府提倡公历。礼仪上，把以前跪拜或者打千等礼节全部废除，改成脱帽、鞠躬、握手、鼓掌等新礼节。

春节的传统民俗有舞狮、飘色、舞龙、游神、逛庙会、逛花街、赏花灯、游锣鼓、游标旗、烧烟花、祈福、掼（guàn）春，也有踩高跷、跑旱船、扭秧歌等。另南方沿海一带盛行祭祀神（祖）。

春节还是除旧布新的日子，从年尾廿（niàn）四日小年（北方小年指腊月二十三）起，人们便开始"忙年"：祭灶、扫尘、购置年货、贴年红、洗头沐浴、张灯结彩等，所有这些活动，有一个共同的主题，即"辞旧迎新"。除夕，全家欢聚一堂，吃完"团年饭"，长辈给孩子们派发"压岁钱"，然后"守岁"，迎接新年到来。年节期间，亲朋好友之间相互走访拜年，表达对亲朋好友的祝福以及对新一年生活的美好祝愿。

新春舞龙灯

原 文

按《国语》曰：时有八风①。历独指清明风为三月节，此风属巽②故也。万物齐乎巽，物至此时皆以洁齐而清明矣。

——《月令七十二候集解·清明》

【注释】

① 八风：八方来风。

② 巽（xùn）：风，和顺，恭顺。

【解读】

清明，三月节。《历书》上说："春分后十五日，斗指丁，为清明，时万物皆洁齐而清明，盖时当气清景明，万物皆显，因此得名。"

《月令七十二候集解》中说："清明有三候：初候，桐始华；二候，田鼠化为鴽（rú）；三候，虹始见。"即此时桐树开出淡紫色的花朵；阳气渐盛，田鼠回洞，鹌鹑出来活动；若云薄漏日，日穿雨影，则彩虹出现。春光明媚，万物生长，天清气朗，正是春耕春种的大好时节，所以农谚说"清明前后，种瓜种豆"。

《国语》相传为春秋时期左丘明所编撰，是中国历史上第一部国别体史书。记录了上起周穆王十二年（前990年）西征犬戎（约前947年），下至智伯被灭（前453年）之间，周朝王室和鲁国、齐国、晋国等诸侯国的部分历史事件和传说，以及各国贵族之间朝聘、宴飨、讽谏、辩说、应对之辞。

【知识链接】

"（春分）加十五日指乙，则清明风至。"（《淮南子·天文训》）古代按照农历的算法，清明一般在春分后的十五天，大概是三月上旬。三月多雨，每逢清明节更是雨纷纷。春雨的洗刷，让万物洁净而清明。

清明，最开始的时候只是二十四节气中一个很重要的节气。"莫春者，春服既成，冠者五六人，童子六七人，浴乎沂（yí），风乎舞雩（yú），咏而归。"（《论语·先进篇第十一》）描写的就是清明时节的踏青场景。后成为纪念祖先的节日，与寒食节有关。寒食节相传是在春秋时期，为纪念晋国的忠义之臣介子推而设立的。

古人认为"礼有五经，莫重于祭"（《礼记·祭统》），祭祀是敬天地、不忘先祖的重要表现。清明节也就成为中华民族最隆重最盛大的祭祖大节，属于一种礼敬祖先、慎终追远的传统节日。

清明节除沿袭了寒食节的禁火、冷食、扫墓、踏青等习俗外，还有放风筝、荡秋千、蹴鞠（cù jū）、植树、插柳等一系列活动。

历代诗人留下了许多关于清明的诗句，如"清明寒食好，春园百卉开。"（唐·韦应物《寒食》）"乌啼鹊噪昏乔木，清明寒食谁家哭。"（唐·白居易《寒食野望吟》）"清明时节雨纷纷，路上行人欲断魂。"（唐·杜牧《清明》）等。

2006 年 5 月 20 日，清明节被列入第一批国家级非物质文化遗产名录。

清明习俗多种多样

原文

仲夏^①端^②午谓五月五日也，俗重此日也，与夏至同。

——《风土记》

【注释】

① 仲夏：农历五月。

② 端：开头、初始。

【解读】

古人纪年、纪月、纪日、纪时通用天干地支，根据干支历，按十二地支顺序推算，第五个月即"午月"，午月午日谓之"重午"，而午日又为"阳辰"，所以端午也称为"端阳"。端午节的许多活动多与夏令有关，且与夏至时间相邻，故又称为"夏节"。

"端午"一词最早出现在《风土记》中。《风土记》由西晋周处所编，是记述地方风俗的著作，可用于查考端午、七夕、重阳等习俗。

【知识链接】

端午节，又称端阳节、重午节、午日节、龙舟节、正阳节、浴兰节、天中节等，源于人们对自然天象的崇拜，由上古时代祭龙演变而来。《周易·乾卦》"飞龙在天"，说的就是仲夏端午，苍龙七宿飞升于正南中天，处于全年最"正中"之位，所以说端午是"飞龙在天"的吉祥日子。

端午节起源于中国，最初是中国人祛病防疫的日子。"五月：……煮梅。为豆实也。蓄兰。为沐浴也。"（《大戴礼记·夏小正》）说明周代已有"蓄兰沐浴"以除毒的习俗。因为在先秦时期，人们普遍认为五月是个毒月，五日是恶日。如在《吕氏春秋·仲夏记·仲夏》中就明文规定人们在五月整整一个月里要禁欲、斋戒，过苦行僧的日子。《楚辞·九歌·云中君》亦有云："浴兰汤兮沐芳，华采衣兮若英。"

民间关于端午节起源的传说很多，如上古先民祭龙祖等。吴越之地春秋之前有在农历五月初五，以龙舟竞渡的形式举行部落图腾祭祀的习俗。还有纪念伍子胥、屈原、曹娥等说法。但两千多年来，人们有感于诗人屈原的爱国情怀和高尚人格，将缅怀屈原定格成端午节特有的一种文化符号，粽子也是为祭奠屈原而生。"路漫漫其修远兮，吾将上下而求索"（《楚辞·离骚》），也成为激励人们追寻理想的格言。

插艾蒿（hāo）、挂菖蒲、吃粽子、喝雄黄酒、龙舟竞渡等是端午节特有的风俗。据记载，早在春秋时期，用菰（gū）叶（茭白叶）包黍米成牛角状，称"角黍"；用竹筒装米密封烤熟，称"筒粽"。

2009年9月，联合国教科文组织正式批准将端午节列入人类非物质文化遗产代表作名录。

端午节赛龙舟

原 文

仲秋 ① 之月……是月也，养衰老，授几杖 ②，行糜 ③ 粥饮食。

——《礼记·月令》

【注释】

① 仲秋：农历八月。

② 几杖：坐几和手杖，皆老者所用，古敬老者之物，亦借指老人。

③ 糜：粥。糜粥，是广东潮汕地区颇具特色的一道家常饮食，潮汕人把白粥叫作"糜"。

【解读】

每年八月，要赡养衰老的人，赏给他们几案和手杖，赐予他们稀粥饮食。

《礼记·月令》记录的是一年十二个月的天象、农时及行政，要求人们不违时令，使天地人得以统一。其中仲秋八月，太阳运行的位置在角宿，这个月，开始刮大风，大雁从北方来，燕子飞向南方，群鸟储藏食物过冬。这个月，要养老人，还可以修筑城郭，挖地窖等。

在古人眼中，每年八月庄稼成熟，是收获的季节。农民为了庆祝丰收，表达喜悦的心情，就以"中秋"这天作为节日，举家同庆。

【知识链接】

关于中秋节的起源，说法较多。一说它起源于古代帝王的祭祀活动。"古者，先王既有天下，又崇立上帝、明神而敬事之，于是乎有朝日、夕月以教民事君。"（《国语·国语上》）夕月就是祭月亮，也就是说早在春秋时期，帝王就已开始祭月、拜月。二是与农业生产有关。"中秋"是秋天中间的意思，八月是秋季中间的一个月，十五日又是这个月中间的一天，所以叫中秋节。也有历史学家研究指出，中秋节起源于隋末。大业十三年八月十五日，唐军士兵仿照圆月发明月饼，成功解决军粮的问题。

《新唐书·太宗记》有"八月十五中秋节"的记载，于是中秋节成为固定的节日。又相传唐玄宗梦游月宫，得到了霓裳羽衣曲，于是民间开始盛行过中秋节的习俗。

中秋节的传说非常丰富，如嫦娥奔月、吴刚伐桂、玉兔捣药等。历代诗人有关中秋的诗词歌赋也很多，其中"海上生明月，天涯共此时。"（唐·张九龄《望月怀远》）"举杯邀明月，对影成三人。"（唐·李白《月下独酌四首·其一》）"明月几时有，把酒问青天。……但愿人长久，千里共婵娟。"（北宋·苏轼《水调歌头·明月几时有》）等已成为千古名篇。

中秋节习俗主要有祭月、赏月、吃月饼、玩花灯、赏桂花、饮桂花酒等，并流传至今。人们以月圆比喻家庭团圆，寄托思念故乡、思念亲人之情，祈盼丰收、幸福。

中秋赏月

原文

（九月）命冢宰①，农事备收，举五种②之要。藏帝籍之收③于神仓④，祗⑤敬必饬⑥。

——《吕氏春秋·季秋纪·季秋》

【注释】

① 冢（zhǒng）宰：官名，六卿之一，也称太宰。负责治理邦国，统领百官。

② 五种：五谷，即黍、稷、菽、麦、稻。

③ 帝籍之收：天子籍田中所收的谷物。古时，天子有农田千亩，用民力耕作，生产祭祀天帝的黍稷，这些农田称为帝籍。

④ 神仓：储藏祭祀天帝神祇所用谷物的谷仓。

⑤ 祗（zhī）：敬。

⑥ 饬（chì）：整治。谨慎。

【解读】

九月，要让太宰认真做好秋收的一应事宜，建立五谷的登记账簿。把天子籍田中收获的谷物收藏于专门祭祀上天所用的仓库中，态度必须恭敬严谨。可见当时已有在农作物丰收之时祭飨天帝和祭祖以谢天帝、祖先恩德的活动。

《吕氏春秋》是由秦国丞相吕不韦集合门客编撰的一部杂家巨著，于秦始皇统一前夕成书，是战国末期杂家的代表作。

【知识链接】

重阳节在每年农历的九月初九。为什么称为"重阳"呢？古时候，以二、四、六、八、十为阴数，以一、三、五、七、九为阳数，九为阳数中最大。双九重叠，因此称"重阳"。

关于重阳节的起源，民间说法很多。据学者考证，重阳节与古人祭天、祀祖、庆丰收有关。三国时期曹丕在《九日与钟繇（yáo）书》中说："岁往月来，忽复九月九日。九为阳数，而日月并应，俗嘉其名，以为宜于长久，故以享宴高会。"又据西汉经学家刘歆在《西京杂记》中记载："九月九日，佩茱萸，食蓬饵，饮菊华酒，令人长寿。"

东晋田园诗人陶渊明在《九日闲居》诗序文中说："余闲居，爱重九之名。秋菊盈园，而持醪（láo）靡由，空服九华，寄怀于言。"说明在魏晋时期，重阳已有了饮酒、赏菊的习俗。唐代，重阳被正式定为民间节日。唐代诗人王勃、孟浩然、李白、王维、杜甫等，都留下了关于重阳节的名篇。如"何当载酒来，共醉重阳节"（唐·孟浩然《秋登兰山寄张五》）"独在异乡为异客，每逢佳节倍思亲。遥知兄弟登高处，遍插茱萸少一人"（唐·王维《九月九日忆山东兄弟》）"满园花菊郁金黄，中有孤丛色似霜。还似今朝歌酒席，白头翁入少年场"（唐·白居易《重阳席上赋白菊》）等。明代，每逢重阳，皇宫上下要一起吃花糕庆贺，皇帝要亲自到万岁山登高抒怀。

各地欢庆重阳节的风俗不一，插茱萸、饮菊花酒、登高等风俗较为普遍。

1989 年，我国政府将农历九月初九定为"老人节"。

重阳节登高

礼器篇

食器

酒器

礼玉

食器

名^①以出信，信以守器^②，器以藏礼，礼以行义，义以生利，利以平民，政之大节也。

——《左传·成公二年》

【注释】

① 名：爵位名号。

② 器：指象征君权的器物，如祭器、车服等。守器，指守护国家的重器。

【解读】

名号可以赋予威信，威信用来保持器物，器物用来体现礼制，礼制用来推行道义，道义用来产生利益，利益用来治理百姓，这是政权中的大关键。如果把名位、礼器假借给别人，这就等于把政权交给了别人。政权丢了，国家也就跟着丢掉。

古人认为，礼由礼义（观念）、礼仪（行为）和礼器（物质符号）三者构成，而礼义与礼仪往往依赖于礼器来彰显，这就是"器以藏礼"的要义所在。

【知识链接】

我们的祖先常常把礼的精神和乐的精神贯彻于日常生活中，并以日用器皿体现出来。如他们将鼎放置在宗庙祭祀神灵。"簠（fǔ）簋（guǐ）俎（zǔ）豆，制度文章，礼之器也。"（《礼记·乐记》）簠、簋都是周代盛祭品的食器。又说"陈其牺牲，备其鼎、俎。"（《礼记·礼运》）自大禹铸造九鼎之后，鼎就从一般的炊器成为传（立）国之重器，象征政权，如鼎彝（yí）、九鼎、定鼎等。

《左传·成公十三年》载："国之大事，在祀与戎。"就是说，在古代，国家一共有两件大事：一是祭祀，二是军事。礼器是祭祀必不可少的器物，而祭祀器皿，也就成了国家至高无上的象征。

老子也说："道生之，德畜之，物形之，势成之。是以万物莫不尊道而贵德。"（《道德经·五十一章》）万物由道产生，由德畜养，由具体器物赋予形状，从而实现它们的价值。所以万物没有不尊重道、不珍视德的。道，即自然。"道"是天地之始，是万物之母，是宇宙万物的始基。

青铜鼎，是最常见的礼器。鼎有三足的圆鼎、四足的方鼎两类，又分有盖和无盖两种。

青铜鼎制作场景

原文

革^①物^②者^③莫若^④鼎^⑤，故受之以《鼎》。

——《周易·序卦传》

【注释】

① 革：变革，更改。

② 物：指具体的或个别的物品。

③ 者：用在形容词、动词、动词词组或主谓词组之后，组成"者"字结构，用以指代人、事、物。

④ 莫若：没有什么比得上。

⑤ 鼎：烹饪之器，古代传国的重器。

【解读】

变革事物的性质，没有比化生为熟的效果更为显著。让事情变得越来越好，莫过于鼎，所以继之以象征"鼎立新事物"的《鼎》卦。鼎，既可烹物，又是权力的象征，所以君子持鼎，就意味着掌握权力。

【知识链接】

鼎，远在新石器时代就已经出现，那时是用陶土做成的陶鼎，是日常生活中炊煮食物的用器。随着青铜时代的到来，人们开始仿照陶鼎铸造青铜鼎。鼎最初的功能是烹饪食物。

《礼记·礼运》阐释了烹饪饮食从远古到上古的演变："昔者先王未有宫室，冬则居营窟，夏则居橧（zēng）巢。未有火化，食草木之实，鸟兽之肉，饮其血，茹其毛；未有麻丝，衣其羽皮。后圣有作，然后修火之利，范金，合土，以为台榭、宫室、牖（yǒu）户；以炮以燔（fán），以亨（pēng）以炙，以为醴（lǐ）酪；治其麻丝，以为布帛。以养生送死，以事鬼神上帝。皆从其朔。"从前先王没有宫室，冬天就住在洞穴中，夏天就住在用柴薪搭成的巢屋里。那时候人们还不懂得用火煮食，生吃草木的果实和鸟兽的肉，喝鸟兽的血，连肉带毛生吞；那时候人们还不知道丝麻可以织布做衣，就披上鸟羽兽皮当衣服。后来有圣人兴起，才懂得火的作用，于是烧熔金属注入模型中，铸作器皿，用泥土烧制陶土，用来建造台榭、宫室、门窗；又用火来焙、来烧、来煮、来烤，酿造醴酒和醋浆；又缫（sāo）治丝麻，织成布帛。这些东西用来供养活人，送走死者，用来祭祀鬼神和上帝，凡此种种，也都是沿袭上古最初的做法。

"鼎之为用，所以革物也，变腥而为熟，易坚而为柔，水火不可同处也，能使相合为用而不相害，是能革物也。"（北宋·程颐《程氏易传》）说的就是"鼎"可以把生的煮熟，硬的变软，即一种变革。

《周易·杂卦传》还说："《革》，去故也。《鼎》，取新也。"成语"革故鼎新"即源于此。

与鼎相类似的还有"鼐"（nài），即大鼎；"鼒"（zī），即小鼎。鼒的形制通常是圆口，上下两端比较小，中间部分则比较大，这种形制和我们现在常见的沙漏刚好反过来。

鼎是古代的重要生活器具

原文

形而上①者谓之道②，形而下③者谓之器④。

——《周易·系辞上传》

【注释】

① 形而上：抽象、超乎形体之上。超乎器物之上的无形体、度量的东西。精神的、气质上的。

② 道：宇宙的本源，自然之理。

③ 形而下：具体的、可见的、有形体的。身体、宇宙、日月星辰、四时寒暑、万物形体都是形而下的。

④ 器：器皿，可盛放、容纳物品。

【解读】

　　形而上，是抽象的，可知，但摸不着，这就是道；形而下，是实质的，是可见可及的，那就是器。器，即天下万事万物。无形的东西在上，有形的东西在下。礼器是有形的，属于形而下的层面；礼是一种精神，依存于礼器。这是古代哲人对于道、器最朴素的认识。

【知识链接】

　　道家认为"道"支配着"地"上的一切。《道德经·一章》说："道可道，非常道。""常"即永恒。韩非子在解读老子"道理"之说时，概括地总结了几句："道者，万物之所然也，万理之所稽也。理者，成物之文也；道者，万物之所以成也。故曰：道，理之者也。"（《韩非子·解老》）这里对"道"作了三层论述：第一层，道是万物生成的根本原因与内在规律；第二层，道是万理构成形式的总汇；第三层，道的实质就是"物理"反映出的内在规律。日月星辰得道而正确运行，四季得道而控制节气，圣人得道而创造了文明。宇宙万事万物都要依靠道而存在。

　　器，有形的存在，是道之载体。"夫其器量弘深，姿度广大，浩浩焉，汪汪焉，奥乎不可测已。"（东汉·蔡邕《郭有道碑文》）以器量形容心胸之宽广。

　　"管仲者，天下之贤人也，大器也。"（《管子·小匡》）将有大才、担大事之人比作大器。

　　礼器是古代中国贵族在举行祭祀、宴飨（xiǎng）、征伐及丧葬等活动中使用的器物，用来表明使用者的身份、等级与权力。

　　古代的礼器很多，食器有鼎、簋（guǐ）、甗（yǎn）、鬲（gé）、俎、豆、簠（fǔ）等；祭器有九鼎、后母戊鼎等；酒器有爵、角、觚（gū）、觯（zhì）、斝（jiǎ）、尊、壶、卣（yǒu）、方等；玉器有璧、璋、琥、琮（cóng）、圭、璜（huáng）等。

　　商后母戊鼎（司母戊鼎）是迄今发现的中国古代最重的单体青铜礼器和我国最大的商代青铜鼎。后母戊鼎，有两耳、四足，四周装饰有蟠螭（pán chī）纹和饕餮纹，腹内壁铸有"后母戊"三字，也是世界上罕见的青铜器贵重文物。后母戊鼎重 832.84 千克，高 133 厘米，口长 112 厘米，口宽 79.2 厘米。供祭祀用。

青铜鼎是祭祀的重要器具

原文

爨①以木火，鼎烹熟物之象。

——《周易集解纂疏·下经鼎卦第五十》

【注释】

① 爨（cuàn）：灶。烹煮。

【解读】

燃烧木柴，烹饪食物，祭祀天帝，奉养圣贤。

远古时期，人类只会生食食物，学会钻木取火以后，人类开始在石头上煮熟食物。进入新石器时代后，陶器被发明并广泛进入人们的日常生活，于是人们采用陶鼎来煮食，从而改变了人类生食的习惯。而烹饪的主要目的，一是祭祀，二是款待宾客。

【知识链接】

青铜鼎做工精美，又能盛放食物，于是人们选择用它来装供品进行祭祀。

以鼎为尊，鼎作为国之重器，从我国历史上第一个王朝夏朝开始。相传夏禹铸造九鼎之后，鼎就成为权力与地位的象征。到了周朝，每逢重大事件，王室都要铸鼎，并在鼎上铸刻铭文，以记载具体的事件。我国铭文最长的青铜器是西周晚期的毛公鼎，上面的铭文多达 497 字。这个鼎因作器者名毛公而得名。毛公鼎高 53.8 厘米，腹深 27.2 厘米，口径 47 厘米，重 34.7 千克。鼎上的铭文非常饱满庄重，说明西周晚期的文字书写已经相当纯熟。铭文分为 5 段，全文以"王若曰"开始，基本引述王的册命话语，分段处则以"王曰"隔开。开篇先追述了西周国君文王、武王承天命推翻大邑商的伟大功业；感叹时局的不安定，叙述宣王命毛公接替父辈的职位，管理邦国及王朝事务。同时，宣王教导毛公要勤政爱民，勤勤恳恳地辅佐自己治理天下。为了勉励毛公，宣王还赐给他兵器、车及命服等物。毛公为了称颂和纪念宣王的恩德，同时也为了显示家族的荣耀，让后世子孙能够记住这件事情，就制作了这件大鼎。

鼎大都很重，一般人难以撼动。相传秦武王嬴荡，长得虎背熊腰，而且天生神力。嬴荡率领大军前往洛阳见到传说中的九鼎之后，就执意要举鼎以展示自己的力量。不幸的是，嬴荡虽然将鼎举了起来，但没有站稳，鼎正好砸到他的右小腿上，血流不止而死。

鼎一般多为三足，所以古人以鼎足表示三。三国时期，魏、蜀、吴各据一方，也印证了之前《史记·淮阴侯列传》所说的："三分天下，鼎足而居，其势莫敢先动。"说明魏、蜀、吴三国像鼎的三只脚一样，呈分立相持的局面。成语"鼎足而三"或"三足鼎立"均源于此。

诸葛亮论天下大势

原文 ————————

禹①收九牧②之金，铸九鼎③，象九州。

——《汉书·郊祀志上》

【注释】

① 禹：大禹。

② 九牧：九州，古代治民之官称九州牧。

③ 鼎：古代煮东西用的器物，圆形，三足两耳，也有方形四足的。

【解读】

相传伏羲曾制一神鼎，取一统之义；黄帝造了三个宝鼎，象征天、地、人。关于九鼎的铸造，历来有多种传说。黄帝获得了河图，神龟背驮"洛书"献给大禹，大禹依照洛书治水成功，划天下为九州，收纳九州的青铜铸鼎，史称"九鼎"。鼎身刻有九州的万千山水、奇珍异兽，被夏、商、周三代帝王奉为象征王权的传国之宝。

按照中国古代的礼制，鼎为重器，主要用于庙祭。

【知识链接】

禹铸九鼎来源于一个神话传说，说的是夏朝建立之后，九州稳定，四海升平，赋税既定，万国遵从，百姓有九年的储备，国家有三十年的积蓄，朝廷和百姓都日益富庶。在夏禹在位第四个年头时，施黯请示说，现在九州所贡之金年年积多，可用于何处？夏禹想起从前黄帝轩辕氏，功成铸鼎，于是也铸了九鼎。大禹把九鼎称为镇国之宝，各方诸侯来朝见时，都要向九鼎顶礼膜拜。

九鼎到底是一个鼎还是九个鼎？九鼎到底是传说中的宝物还是真实存在的？可以说是谜团重重。但历代统治者都公认九鼎是"天命"所在，是最重要的礼器，是王权至高无上、国家统一昌盛的象征。

夏朝灭亡以后，鼎转给了商，商纣暴虐，鼎又转移给了周。到公元前606年，楚庄王流露出觊觎天下的野心，就借朝拜天子的名义，到周王室去问九鼎的大小轻重。周朝大臣认为统治天下在乎德而不在乎鼎，当初夏禹是因为有德。如果天子有德，鼎虽小却难以转移；如果天子无德，鼎虽大却能轻易移动。自此，人们用"问鼎中原""问鼎几何"，比喻这个人有追求帝王霸业、夺取天下的野心。

"九州"的称谓，最早出现在先秦时期典籍《尚书·夏书·禹贡》中，九州顺序分别是：冀州、兖（yǎn）州、青州、徐州、扬州、荆州、豫州、梁州、雍州。九州是中国汉族先民自古以来的民族地域概念。九州代指神州，这也是神州大地的由来。

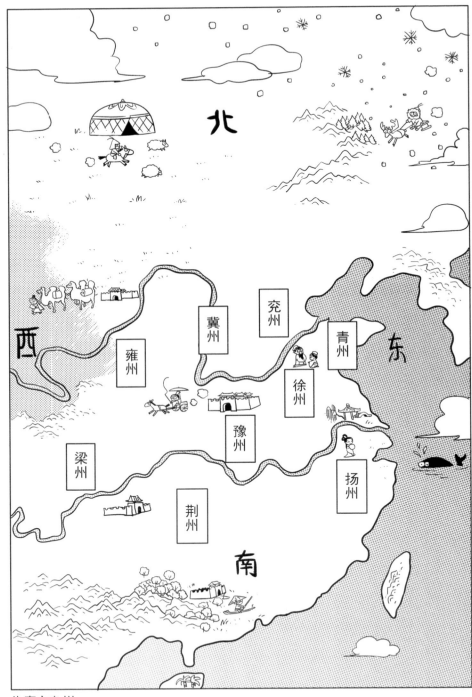

先秦之九州

原 文

谁能亨^①鱼？溉^②之釜^③鬵^④。谁将西归？怀^⑤之好音^⑥。

——《诗经·国风·桧风·匪风》

【注释】

① 亨（pēng）：通"烹"，煮。

② 溉（gài）：洗。

③ 釜：锅子。

④ 鬵（qín）：大锅。

⑤ 怀：遗，带给。

⑥ 好音：平安的消息。

【解读】

谁会烹鱼？锅子已经洗干净了。有谁去西边啊？托他捎个平安的口信。

《诗经·国风·桧风·匪风》全诗三章，每章四句。风起尘扬，车马飞奔，家住西方，而远游东土，久滞不归，以诗寄托思乡之情。

中国古典文学专家余冠英先生说这首诗与唐朝诗人岑参《逢入京使》一诗中所写的"马上相逢无纸笔，凭君传语报平安"意境相似。

"烽火连三月，家书抵万金。"（唐·杜甫《春望》）远离家乡，哪怕是一句简短的口信，都比黄金更宝贵。

【知识链接】

"鬵"和"釜"是古代民间使用最广的烹饪器。不同时期或不同的材质，釜的形制有所不同，如铜釜、铁釜等。

"于以盛（chéng）之？维筐及筥（jǔ）。于以湘之？维锜（qí）及釜。"（《诗经·国风·召南·采蘋》）古代少女出嫁之前，要拿圆筥和方筐盛放食物，用釜烹煮食物，以祭祀祖先。

　　釜也是军中必备的炊器，行军时必须带上釜，方便随时做饭。有一年，秦国的三十万人马包围了赵国巨鹿（今河北省平乡县），赵王连夜向楚怀王求救。楚怀王派宋义为上将军，项羽为次将，带领二十万人马去救赵国。谁知宋义听说秦军势力强大，走到半路就停了下来，不再前进。军中没有粮食，士兵们把蔬菜和杂豆煮了当饭吃，他也不管，只顾自己举行宴会，大吃大喝。项羽气愤地杀了宋义，自己当了"上将军"，带着部队去救赵国。项羽先派出一支部队，切断了秦军运粮的道路，又亲自率领主力过漳河，解救巨鹿。楚军全部渡过漳河以后，项羽让士兵们饱饱地吃了一顿饭，每人再带三天干粮，然后传令，把渡河的船凿穿沉入河里，把做饭用的锅砸个粉碎，把附近的房屋放火统统烧毁，全军轻装上阵，决一死战。后来人们用"破釜沉舟"比喻一定要夺取胜利的决心。

　　釜在古时还是一种量器，一釜相当于六斗四升。

釜

破釜沉舟

原文

卬^①盛于豆^②，于豆于登^③。其香始升，上帝居歆^④。

——《诗经·大雅·生民》

【注释】

① 卬（áng）：我。

② 豆：盛食物的器具，形似高脚的盘子，有的有盖。

③ 登：瓦或陶质的器具，用于盛汤。

④ 歆（xīn）：享受。

【解读】

锅中的豆子，香气四溢，连天帝都能闻到。

《诗经·大雅·生民》是一首叙事史诗，全诗共八章，每章或十句、或八句。前几章写农业生产，最后两章写祭祀的场景，有的在舂米，有的在舀米，有的在搓米，有的在扬糠，有的在宰杀公羊，有的在烧烤，祭品很丰富，香气弥漫。祈愿来年更好。这里摘选的是第八章开头的四句。

【知识链接】

古代食器种类很多，主要有鼎、鬲（gé）、甗（yǎn）、盨（xǔ）、簠（fǔ）、敦（duì）、铺、豆、盂、盆、盏、釜等。豆的形状如高足盘，下有圆足，东周时最为流行。"豆"因材质不同，有不同的称谓："木豆谓之豆；竹豆谓之笾（biān）；瓦豆谓之登。"（《尔雅·释器第六》）木制的是豆，竹编的是笾，瓦做的叫登。也有青铜的豆，山西长治出土的战国青铜豆有盖，有夔（kuí）形花纹，腹大而深。

豆在《诗经》中出现频率较高，如："君妇莫莫，为豆孔庶，为宾为客。"（《诗经·小雅·楚茨》）"卬盛于豆，于豆于登。"（《诗经·大雅·生民》）"笾豆大房。"（《诗经·鲁颂·闷宫》）。

豆在古代是盛肉的容器。"觞（shāng）酒、豆肉、箪食。"（《国语·吴语》）觞是盛酒器，豆是盛肉的，箪是竹制或苇制盛器，常用来盛饭。"食一豆肉，饮一豆酒，中人之食也。"（《周礼·冬官考工记·梓人》）食一豆肉，这是一般的食量。

古人在举行乡饮酒礼时规定，"六十者三豆，七十者四豆，八十者五豆，九十者六豆，所以明养老也。"（《礼记·乡饮酒义》）按年纪大小，配给不同分量的肉菜。

大约在战国以后，豆从食器逐渐转为祭器。

豆在古代也是一种容量单位，四升为一豆。齐国旧有量具共四种，即豆、区、釜、钟。

豆是先秦时期的重要食器

原文

伐木许许①，酾②酒有藇③。既有肥羜④，以速⑤诸父。宁⑥适⑦不来，微⑧我弗顾⑨。於⑩粲⑪洒扫，陈⑫馈⑬八簋⑭。既有肥牡⑮，以速诸舅⑯。宁适不来，微我有咎⑰。

——《诗经·小雅·伐木》

【注释】

① 许（hǔ）许：砍伐树木的声音。

② 酾（shī）：过滤。

③ 藇（xù）：甘美。

④ 羜（zhù）：小羊羔。

⑤ 速：邀请。

⑥ 宁：宁可。

⑦ 适：恰巧。

⑧ 微：非。

⑨ 弗顾：不顾念。

⑩ 於（wū）：叹美词。

⑪ 粲（càn）：光明、鲜明的样子。

⑫ 陈：陈列。

⑬ 馈（kuì）：食物。

⑭ 簋（guǐ）：古时盛放食物用的圆形器皿。

⑮ 牡（mǔ）：雄畜，诗中指公羊。

⑯ 诸舅：异姓长辈。

⑰ 咎：过错。

【解读】

《诗经·小雅·伐木》共三章，此为第二章，由伐木兴起，再到备宴邀请亲友，洒扫庭院，佳肴八盘，酒醇肉美，诚心诚意，求友待友。述说西周时期亲朋之间的交往与友情。

【知识链接】

簋是古代盛放食物的器具。造型多变，有圆形、方形或上圆下方。早期的簋没有耳，后来才出现双耳、三耳或四耳。簋身上多以兽纹装饰。

簋也是重要的礼器，主要用于祭祀时放置煮熟的饭食，一般与鼎配合使用。"凡祭祀，共簠簋。"（《周礼·地官司徒·舍人》）周礼还规定，天子用九鼎八簋，诸侯用七鼎六簋，卿大夫用五鼎四簋，士用三鼎二簋。"九鼎八簋"是帝王权威的象征。

《诗经》中还有几处写到簋，如："有饛（méng）簋飧（sūn），有捄（qiú）棘（jí）匕。"（《诗经·小雅·大东》）饛，满满的；飧，泡饭；捄，曲而长；棘匕，棘木做的羹匙。说的是簋里装满了泡饭，还有长柄的羹匙。"於，我乎？每食四簋，今也每食不饱。"（《诗经·国风·秦风·权舆》）一位没落的贵族感叹过去一顿可以吃四大碗，如今每餐都吃不饱。

现北京东直门外，还有一条名为"簋街"的小吃街。

簋

簋是古代重要的食器和祭器

原文

执^①爨^②踖踖^③，为俎^④孔硕^⑤。或燔^⑥或炙^⑦，君妇莫莫。

——《诗经·小雅·楚茨》

【注释】

① 执：拿着。

② 爨（cuàn）：灶，即厨房。执爨，掌灶之人。

③ 踖（jí）踖：敏捷而又恭敬。

④ 俎（zǔ）：祭祀或宴会时盛生肉的器物。

⑤ 孔硕：很大。

⑥ 燔（fán）：烧肉。

⑦ 炙：烤肉。

【解读】

　　熟练地下厨操刀，处理好肥大的牛羊肉，或烧、或烤，满满地盛在礼器里，祭祀就要开始了。

　　《诗经·小雅·楚茨》是周王祭祖祭神时的一首乐歌。全诗共七十二句，分六章，从开荒耕种到丰收，从祭祀前的准备到祭祀完毕后的宴乐，详细地记述了祭祀的全过程。人们清除蒺藜（jí lí）荆棘，种下了黍稷，丰收的粮食堆满了仓囷，酿成了酒，做成了饭，并宰杀牛羊，或烧或烤，献神祭祖、祈求洪福。祭祀仪式井然有序，庄严隆重。仪式完成，钟鼓齐奏，族人相聚宴饮，共叙天伦之乐。

【知识链接】

　　俎是一种四脚方形的青铜盘或木漆盘，常用来盛放牛羊肉。

　　据《史记》记载："孔子为儿嬉戏，常陈俎豆，设礼容。"（《史记·孔子世家》）孔子小时候经常玩的游戏就是制礼作乐，可见礼在古人心目中的地位。"俎"也指我们常用的砧板。

楚汉相争时，项羽屯兵四十万在新丰鸿门，谋士范增设计要除掉刘邦。刘邦依约赴宴，这就是历史上有名的"鸿门宴"。席间范增请项庄舞剑助兴，意图杀害刘邦。张良叫来樊哙（kuài），刘邦借上厕所的机会与樊哙商议如何逃走，樊哙说："如今人方为刀俎，我为鱼肉，何辞为？"比喻生杀大权掌握在别人手里，自己处在被宰割的地位。

成语"越俎代庖（páo）"典出庄子《逍遥游》中的一个故事，相传远古的时候，阳城有一位很有才能、很有修养的人，名叫许由。他在箕山隐居，人们都很敬佩他。当时尧帝想把帝位让给许由，但许由不愿接受帝位，认为尧帝已经把天下治理得很好了，自己无法代替，就如厨师在祭祀的时候，既做菜，又备酒，忙得不可开交，可是掌管祭祀的人，并不能因为厨师很忙，就忘记自己的本职工作，丢下手中的祭祀用具，去代替厨师做菜、备酒。庄子认为这是"庖人虽不治庖，尸祝不越樽俎而代之矣。"（《庄子·内篇·逍遥游》）用以比喻超出自己的职责，越权办事或包办代替。"越俎代庖"也可简写为"代庖""庖代"。"庖"指厨师。

俎类似今天的砧板

原文

秋而载尝①，夏而楅衡②，白牡③骍刚④。牺尊⑤将将⑥，毛炰⑦胾⑧羹⑨。笾⑩豆⑪大房⑫，万舞⑬洋洋⑭。

——《诗经·鲁颂·閟宫》

【注释】

① 尝：秋季祭祀之名。

② 楅（fú）衡：缚在牛角上，防止牛抵触用的横木。

③ 牡：公猪。

④ 骍（xīng）刚：骍，赤色。刚，通"犅"，公牛。

⑤ 牺尊：酒尊的一种，形为牺牛，凿背以容酒。

⑥ 将将（qiāng）：音义并同"锵锵"。

⑦ 毛炰（páo）：去毛烧烤动物，这里指烧熟的小猪。

⑧ 胾（zì）：大块的肉。

⑨ 羹：不加调料的肉汤。

⑩ 笾（biān）：形状像豆，竹制的献祭容器。祭祀或宴会时用来盛果品或干肉的竹器。

⑪ 豆：木制的献祭容器。

⑫ 大房：大的盛肉容器。

⑬ 万舞：舞名，常用于祭祀活动。

⑭ 洋洋：场面盛大貌。

【解读】

为准备秋祭，早在夏天的时候，人们就会将祭祀要用的牛保护起来，防止触折牛角。因为古代祭祀用的牲牛必须没有任何损伤。

待到秋祭时，摆列好白色公猪和赤色犍牛，牛形酒尊碰撞出清脆响声。

烧烤乳猪和煲好的鲜美肉汤，装满了竹笾木豆，边饮边跳，场面大气排场。展现人们杀猪宰羊，烧肉、煮汤、饮酒、跳舞等秋祭的情景。

《閟宫》是《诗经》三百篇中最长的一篇，全诗分十章，全诗以鲁僖公作閟宫为素材，广泛歌颂鲁僖公的文治武功。鲁僖公系周公之孙、庄公之子。閟宫，即"新庙"，是列祖列宗所在之处，也是祭祀的重要场所。

【知识链接】

《诗经》中多处写到"笾"，一般与"豆"连用，如："笾豆有践"（《诗经·国风·豳（bīn）风·伐柯》），餐具排列整齐；"傧（bīn）尔笾豆，饮酒之饫（yù）"（《诗经·小雅·常棣》），摆好餐具，饮酒饮个痛快；"笾豆静嘉"（《诗经·大雅·既醉》），祭品洁净而美好。

竹笾和木豆是古代祭祀及宴会时常用的两种器具。

"三牲、鱼、腊，四海九州之美味也。笾、豆之荐，四时之和气也。"（《礼记·礼器》）三牲，古代祭品，指牛、羊、豕（shǐ），豕即猪。古代以牛、羊、猪为大三牲，也以猪、鱼、鸡为小三牲。陈设礼器，盛满食物，祈求风调雨顺。

又据《后汉书·东夷列传》载："其人终不相盗，无门户之闭。妇人贞信。饮食以笾豆。"周武王将朝鲜封给箕子，箕子教给百姓礼制和种田养蚕的技术，又制定八条禁令。那里从来没有发生过偷盗，人们夜不闭户，妇女守贞节，百姓饮食无忧，生活太平和美。

古人祭祀常用笾豆盛放祭品，所以也用"笾豆之事"代指祭祀和礼节仪式。如《论语·泰伯篇第八》记载，曾子生病时，孟敬子去看望他。曾子说："笾豆之事，则有司存。"祭祀和礼节仪式，自有主管这些事务的官吏来负责。

明朝冯梦龙在《东周列国志》第三十四回也说："设享于太庙之中，行九献礼，比于天子。食品数百，外加笾豆六器，宴享之侈，列国所未有也。"笾为竹制品，用藤包绕边口，也用来盛枣、栗、桃、梅、菱、芡等果实，形状与器具"豆"基本相同。

笾

笾是古代重要的祭祀用具

原文

　　鲁有俭者，瓦鬲①煮食，食之而美，盛之土㼫之器②，以进孔子。孔子受之，欢然而悦，如受太牢③之馈④。弟子曰："瓦㼫⑤，陋器也；煮食，薄膳也。而先生何喜如此乎？"孔子曰："吾闻好谏者思其君，食美者思其亲。吾非以馔⑥为厚⑦也，以其食美而思我亲也。"

——《说苑·反质》

【注释】

① 鬲（lì）：古代陶制的炊器。三足，形似鼎而无耳。

② 土㼫（biān）之器：陶制瓦盆，用来盛食物。

③ 太牢：祭祀时并用牛、羊、豕三牲的叫作"太牢"。

④ 馈：赠送。

⑤ 瓦㼫：古代陶制的扁形盆类器物。这里泛指瓦陶炊具。

⑥ 馔（zhuàn）：饭食。

⑦ 厚：丰厚，富贵。

【解读】

　　在鲁国，有一位非常节俭的人，用陶罐做饭。有一天，他做了一些食物，自己吃了以后觉得味道很好，便将食物装到一个瓦盆里，特意献给孔夫子尝尝。夫子接受以后很高兴，就像吃了猪、牛、羊肉等美食一样。弟子问孔子："瓦盆是一种简陋的器皿，煮的食物也不过是很普通的东西，您为什么会如此高兴啊？"孔子回答说："善于进谏的人，他心中常会想到君王；吃到美味的人，心中会想起父母。我并不是因为所馈赠的食物丰厚而高兴，是因为这个人吃到好东西能想到我而高兴啊！"

　　《说苑·反质》是西汉史学家刘向创作的一篇散文。刘向，本名刘更生，字子政，西汉经学家、目录学家、文学家，沛县（今属江苏）人，所撰《别录》为我国最早的图书分类目录。

五千多年前，当我们的祖先掌握了制陶技术以后，先是制造出了小口、突腹、偏上有双耳的尖底陶瓶，用来取水，但不可以煮水，而且也放不稳，于是人们便将三个尖底陶瓶捏在一起制成了鬲。鬲的三个腹足站立很稳，可以贮水、烧水，非常实用，所以鬲成为古代先民普遍使用的炊具。进入了青铜时代以后，鬲不仅是一种生活用具，而且演变成礼器。到战国时期，鬲基本从人们的生活中消失。但鬲对人们生活的影响非常深远，因此，在文化考古学领域，鬲被称为中国远古文明的活化石。

鬲的发明，使我们的祖先正式从生食进化到熟食。陈用之在注释《周礼·冬官考工记·陶人》时说："茹毛饮血，非所以养生，圣人教之以火化……炊米以为食，鬲甑（zèng）之器用焉。"

鬲类似于一个鸡蛋形的大罐子，顶部有环形外沿，底部有三个支撑腿，可用来烧开水和煮饭。后来，先民又将鬲与甑组合，下半部是鬲，用于煮水，上半部是甑，两者之间有镂空的箅（bì），利用水汽来蒸食物，取名甗（yǎn），类似于我们现在用的蒸锅。这种用水汽蒸饭的方法，直到近代，西方才将其用于日常生活。瓦特改良蒸汽机也已经是18世纪的事了，所以，英国科学史权威李约瑟先生说西方的许多科学发明，只是为中国人的发现做了注释。

鬲

鬲是古代重要的生活器具

酒器

原文

陟①彼②崔嵬③，我④马虺隤⑤。我姑⑥酌⑦彼金罍⑧，维⑨以不永怀⑩。

——《诗经·国风·周南·卷耳》

【注释】

① 陟（zhì）：升；登。

② 彼：指示代名词。

③ 崔嵬：山高不平，高耸。

④ 我：自称。

⑤ 虺隤（huī tuí）：疲极而病。

⑥ 姑：姑且。

⑦ 酌：斟酒。此处也指饮酒。

⑧ 金罍（léi）：一种盛酒的容器，即酒尊。

⑨ 维：发语词。

⑩ 永怀：长久思念。

【解读】

登上高高的山巅，马儿已经疲倦，且斟满金壶酒，以酒浇愁，慰我离思与忧伤。

《诗经·国风·周南·卷耳》全诗四章，每章四句。第一章写女子思念远征的丈夫，无心劳作，恹（yān）恹采卷耳；第二、三、四章写男子，星夜奔波，行至高岗，人困马乏，倦鸟思归，饮酒思乡，可是山高水长，征途漫漫，思念绵绵无尽期。这里摘取的是第二章。

现代作家钱锺书在《管锥编》中说，此诗先写女子思念在外的丈夫，再写男子思念在家的妻子，属于"花开两朵，各表一枝"。

【知识链接】

《诗经·国风·周南·卷耳》诗中所说的罍是一种盛酒的大型青铜器，形状有方形和圆形两种。早期的罍多以方形为主，周代出现了圆形罍。纹饰从繁复变得素雅。《尔雅·释器第六》中也说："彝、卣（yǒu）、罍，器也。小罍谓之坎。"朱熹在《诗集传》中也认为："罍，酒器。刻为云雷之象，以黄金饰之。"

相传西汉梁孝王刘武酷爱收集古董。在众多珍藏中，他尤其钟爱一件青铜罍。刘武死前立下遗嘱："善保罍樽，无得以与人。"（《史记·梁孝王世家》）皇位传至刘武的孙子刘襄手中时，刘襄的王后任氏专横霸道，贪得无厌，听说府库中有一只罍，价值连城，便向刘襄讨要。刘襄宠溺任氏，视祖训为儿戏，不听祖母的劝阻，强行将罍送给了任氏。有人将祖孙争罍的事上报到朝廷，朝议认为刘襄违背祖训，极为不孝，削去梁国八座城，并将祸首任氏斩首于市。

20 世纪 80 年代，考古队在琉璃河西周燕国遗址中发掘出了青铜罍。

罍是古代重要的生活器具

原文

跻① 彼公堂②，称彼兕觥③，万寿无疆！

——《诗经·国风·豳风·七月》

【注释】

① 跻（jī）：登。

② 公堂：或指公共场所，不一定是国君的朝堂。

③ 兕觥（sì gōng）：古代用兽角做的酒器。

【解读】

人们来到大堂，高举着酒杯，互相祝福万寿无疆。这里摘取的是《诗经·国风·豳（bīn）风·七月》最后一章的最后三句。

豳地在今陕西旬邑、彬县一带，公刘时代的周之先民是一个农业部落。这首诗反映了这个部落一年四季的劳动生活，包括春耕、秋收、冬藏、采桑、染绩、缝衣、狩猎、建房、酿酒、劳役、宴飨等各个方面。全诗以叙事为主，在叙事中写景抒情，真实地展示了当时的劳动场面、生活图景和各种人物的面貌，以及农夫与公家的相互关系，构成了西周早期社会一幅男耕女织的风俗画。

七月，夏历的七月，相当于公历的八月。

【知识链接】

"觥"是觵（gōng）的俗体，又称兕觥。如："兕觥其觩（qiú），旨酒思柔"（《诗经·小雅·桑扈》）、"鼐（nài）鼎及鼒（zī），兕觥其觩"（《诗经·周颂·丝衣》）。觩，兽角弯曲的样子，说明"觥"的形状弯曲如角。

青铜觥出现于商代晚期，是古代汉族的盛酒器。椭圆形或方形器身，圈足或四足，带盖，盖或做成有角的兽头状，或做成长鼻上卷的象头状。有的觥全身都做成动物的形状，即盖子做成动物的头和背的形状，腹做成动物身子的样子，足做成动物四条腿的样子。因为盖子做成动物头首与背相连的形状，其流线型的瓶颈，很方便倒酒。又因为觥最初是用野兽的角制成的，后人作觥时也多做成野兽头的形状。

宋朝滁州太守欧阳修自号醉翁，他经常去西南郊琅琊山的酿泉边游玩，还为那里的一个亭子取名"醉翁亭"，并经常与朋友在此饮酒欢聚。"宴酣之乐，非丝非竹，射者中，弈者胜，觥筹交错，起坐而喧哗者，众宾欢也。"（北宋·欧阳修《醉翁亭记》）酒宴畅饮的乐趣，不在管弦音乐，而在其他，投壶的人投中了，下棋的人得胜了，酒杯和酒筹交互错杂，人们有时站立，有时坐着，大声喧嚷，宾客们尽情欢乐。"觥筹交错"形容许多人聚会喝酒的热闹场景。

觥

觥是古代的饮酒器具

原 文

曾孙 ① 维主，酒醴 ② 维醹 ③。酌以大斗 ④，以祈 ⑤ 黄耇 ⑥。

——《诗经·大雅·行苇》

【注释】

① 曾孙：主祭者之称。对祖先神灵自称曾孙。

② 醴（lǐ）：甜酒。

③ 醹（rú）：酒味醇厚。

④ 斗（dǒu）：舀酒用的勺子，大斗柄长三尺。此指用大勺斟酒以痛饮。

⑤ 祈：求。

⑥ 黄耇（gǒu）：年高长寿。

【解读】

主人备了香醇的酒水，斟满酒杯，祈祷老人长寿。

《诗经·大雅·行苇》全诗三十二句，朱熹在《诗集传》中将诗分为四章。第一章写路旁的风景，第二章描写宴饮歌乐的盛况，第三章写比射的过程，第四章以敬酒祝福作结。这里摘取的是第四章的前四句，表现了周代贵族家宴的盛况，体现了家族和睦友爱、尊老敬老的传统美德。

【知识链接】

"斗"是一种盛酒的器具。十升为一斗，一升约二百毫升。

《史记·项羽本纪》一文载："玉斗一双，欲与亚父"，"亚父受玉斗，置于地，拔剑撞而破之"。刘邦献给范增一对斗形玉制的酒盅。范增接过玉斗，放在地上，拔出剑来敲碎了它。

"李白一斗诗百篇，长安市上酒家眠。天子呼来不上船，自称臣是酒中仙。"（唐·杜甫《饮中八仙歌》）李白好饮、狂放、潇洒，只要喝下一斗酒，就能作出百篇诗来。他常在长安市上喝酒，喝醉了就睡在酒楼上。传说有一次，唐玄宗游白莲池，召李白去作诗，李白却喝得醉醺醺的，说什么也不上船，还自言自语道："我是酒中仙！"杜甫用夸张的手法，塑造了李白桀骜不驯、豪放纵逸、傲视王侯的艺术形象。人们常用"斗酒百篇"形容一个人才思敏捷。

小斗

大斗

大斗一般为标准斗，一斗十升，一升二百毫升，故一斗约两千克。

斗是古代的盛酒器具

原 文

肆^① 筵^② 设席，授几^③ 有缉御^④。或献^⑤ 或酢^⑥，洗爵^⑦ 奠斝^⑧。醓醢^⑨ 以荐^⑩，或燔^⑪ 或炙^⑫。嘉殽脾臄^⑬，或歌^⑭ 或咢^⑮。

——《诗经·大雅·行苇》

【注释】

① 肆：陈设。

② 筵（yán）：竹席。

③ 几：古人席地而坐时，配有矮脚小木桌，一般供老人用。

④ 缉御：相继有人侍候。缉，继续。御，侍者。

⑤ 献：主人对客人敬酒。

⑥ 酢（zuò）：客人拿酒回敬。

⑦ 洗爵：周时礼制，主人敬酒，先取几上的杯子洗一下，再斟酒献客，客人回敬主人，也是如此。爵，古酒器，青铜制，有流、柱、鋬（pàn）和三足。

⑧ 奠斝（jiǎ）：周时礼制，主人敬的酒客人饮毕，则置杯于几上；客人回敬主人，主人饮毕也须这样做。奠，置。斝，古酒器，青铜制，圆口，有鋬和三足。

⑨ 醓醢（tǎn hǎi）：醓，多汁的肉酱。醢，肉酱。

⑩ 荐：进献。

⑪ 燔（fán）：烧肉。

⑫ 炙：烤肉。

⑬ 脾臄（jué）："脾"通"膍（pí）"，牛胃，俗称牛百叶。臄，牛舌。

⑭ 歌：配着琴瑟唱，叫"歌"。

⑮ 咢（è）：只打鼓不伴唱，叫"咢"。

【解读】

设席开宴，侍者忙个不停，主人敬客人，客人敬主人，洗小杯，放大壶，进献肉酱，或烧或烤，味道又美又香，人们边饮边唱。

《诗经·大雅·行苇》全诗三十二句，按朱熹《诗集传》的分法划分为四章。这里摘取的是第二章，描写宴饮歌乐的盛况：设席、铺筵、设几，主人献酒，客人回敬，洗杯捧斝，菜肴丰盛，击鼓歌唱，热闹非凡。

【知识链接】

斝有不同的称谓："斝，玉爵也。夏曰琖，殷曰斝，周曰爵。"（《说文解字》）斝，又名"散"。其容量较大，西汉韩婴在《韩诗外传》中提到："爵一升，觚二升，觯三升，角四升，散（斝）五升。"斝的形制较多，器身有圆形、方形两种，有的有盖，有的无盖；口沿上有一柱或二柱，或蘑菇形，或鸟形等。

斝原来是用来盛酒或温酒的器具。作为礼器时，斝常与觚、爵组合使用，斝的等级比较低。

商代的饕餮纹带盖方斝，装饰华丽、造型优美，现收藏于河南博物院。该斝体方，有盖，颈部略收，鼓腹，底微凸，盖平而薄，正中有二鸟构成之拱形钮，二鸟相背而立，鸟头向外，冠相连。盖上饰二兽面纹、上饰一兽首。腹部每面之主纹为一组大兽面纹，回形纹为地。腹上颈部及伞塔形柱帽上均饰三角纹，角尖向上，四足饰蕉叶形夔（kuí）纹。通高 21 厘米，口宽 12.3 厘米，口长 14.4 厘米，重 3.2 千克。

"二人归坐，先是款酌慢饮，渐次谈至兴浓，不觉飞觥献斝起来。"（清·曹雪芹《红楼梦》）描写的就是酒席上相互敬酒，推杯换盏的饮酒场景。

斝又是一种茶具。《红楼梦》第四十一回，妙玉请宝玉、宝钗、黛玉三人喝茶，给宝钗的杯子上有"瓟斝（páo jiǎ）"的铭文。

青铜方罍

青铜方罍

原 文

瑟①彼玉瓒②，黄流③在中。岂弟④君子⑤，福禄攸⑥降。

——《诗经·大雅·旱麓》

【注释】

① 瑟：光色鲜明的样子。

② 玉瓒（zàn）：瓒，天子祭祀时舀酒用的酒具。玉柄金勺。

③ 黄流：一种酒，又称秬鬯（jù chàng）。古人以黑黍和郁金香草酿造的

　　酒，酒呈黄色，流动如黄流。

④ 岂弟：平易近人。

⑤ 君子：先秦时对诸侯卿士的美称，后泛指品德优良的人。

⑥ 攸：所。

【解读】

　　镶金的酒器，金黄色的琼浆，相映生辉。祈福和蔼可亲、平易近人的君子，福禄双喜。

　　《诗经·大雅·旱麓》全篇共六章，每章四句。这里摘取的是第二章，主要描写祭祀的情景，人们摆酒献牛，求福求禄。

　　"岂弟君子"四字贯穿全诗。君子是古人对统治者和贵族男子的通称，后来用来指平易可亲、性格和顺的人。

　　《诗经·大雅》主要记述的是诸侯朝聘、贵族宴飨等典礼的乐歌，除几篇讽刺诗以外，内容多为歌功颂德。

【知识链接】

　　瓒，天子祭祀时用的酒器，勺形，用来舀酒。玉瓒即圭瓒，以圭为柄，黄金为勺。君王使用的是用美玉制成的瓒，所以叫玉瓒。古代皇帝用玉瓒

祭祀敬神和赏赐有功的诸侯。

"季夏六月，以禘礼祀周公于大庙，牲用白牡，尊用牺、象、山罍，郁尊用黄目，灌用玉瓒大圭。"（《礼记·明堂位》）夏六月之时，于太庙大祭周公，祭祀用的是白色的公牛；盛酒的尊，有牛形的牺尊、象形的象尊，还有刻着山云花纹的罍尊；盛郁鬯香酒的是用黄金镂刻为眼睛形状的酒尊；献酒时，用有圭柄的玉瓒。又说"灌用玉瓒大圭"，祼（guàn）祭、灌祭，说的就是古人酹（lèi）酒以灌地。"灌以圭璋，用玉气也。"（《礼记·郊特牲》）灌酒于地是为了让酒的香气祈求神的降临。因为古人认为"玉"有灵，可以通神，可以事神。借助玉的灵气让神享用美酒，人们就能得到神的护佑。

"祼礼"是由专人依照特别的程序执行的一种礼仪，是周代重要的礼典制度之一，只在缢礼和祭礼中应用。在祼祭时，用瓒从盛酒器中挹（yì）取鬯酒祭祀祖先。"祼圭有瓒，以肆先王，以祼宾客。"（《周礼·春官宗伯·典瑞》）"瓒"是作为祼礼的器具，用于宗庙祭祀，用于王祭祼礼，以瓒酌郁鬯之酒献尸求神，用瓒宴缢宾客。《周易·震卦》说"震惊百里，不丧匕鬯"，即使是雷声隆隆，震惊百里，主管祭祀的人也能做到从容不迫，手中的勺和酒都不会掉落。

瓒的出土量不多，就目前出土的情况来看，商周皆是青铜瓒，春秋及战国早期是青铜、漆木、陶瓒。《殷周时代青铜器研究》一书中认定并命名为"瓒"的有"伯公父瓒"，又称"伯公父勺"，是一对勺，甲通柄长 19.3 厘米，斗径 9.5 厘米。乙通柄长 19.5 厘米，斗径 9.3 厘米。瓒首椭圆形，颈部饰变形蝉纹，圈足饰重环纹，柄部呈圭形，后端饰夔龙纹，前端连接首部处下折呈弧形，背面镂孔，正面有铭文三行十四字，窖藏出土一对，两器铭文连读，共二十八字。

瓒

瓒是古代重要的礼器

原 文

　　韩侯①出祖②，出宿于屠③。显父④饯之，清酒百壶。其殽⑤维何？炰鳖⑥鲜鱼。其蔌⑦维何？维笋及蒲。其赠维何？乘马⑧路车⑨。笾⑩豆有且⑪，侯氏燕胥⑫。

　　　　　　　　　　　　　　　　　——《诗经·大雅·韩奕》

【注释】

① 韩侯：韩国国君。

② 出祖：出行时祭祀路神。

③ 屠：地名。

④ 显父：周宣王的卿士。父，是对男子的美称。

⑤ 殽：荤菜。

⑥ 炰（páo）鳖：烹煮鳖肉。

⑦ 蔌（sù）：蔬菜。

⑧ 乘（shèng）马：一乘车四匹马。

⑨ 路车：贵族所乘之车。

⑩ 笾（biān）豆：盛果脯及菜肴的容器。

⑪ 且（jū）：多貌。

⑫ 燕胥（xū）："燕"通"宴"，宴乐。

【解读】

　　韩侯出门祭祖，首先住宿在杜陵。显父设宴来饯行，备酒百壶，炖鳖蒸鱼，嫩笋嫩蒲香喷喷，盘盘碗碗摆满桌，喜气洋洋。并赠送一辆四马大车。

　　《诗经·大雅·韩奕》全诗六章，每章十二句，主要叙述周宣王时期，年轻的韩侯入朝觐见、受封、迎亲、归国和归国后的活动。

西周的周宣王，力图振兴趋于没落的周王朝，封韩侯扩建韩城，加强北方防务。韩侯受封入觐，是周宣王时代重要的政治活动。这里摘取的是第三章。

【知识链接】

在古代，大官人奉命出京，按礼制，要祭祖，并设宴饯行。壶是古代酒器之一，商代壶多有提梁，有的细颈、有盖，有的宽口、扁体、贯耳；西周至春秋多为椭方形体，有盖，两侧有耳衔环；战国时的壶有方、有圆、有扁，以及瓡（hù）形等多种；战国中期以后，圆壶又称钟；汉代方壶称钫（fāng），扁壶则称钾。

壶也可以用来盛水和汤。相传战国时期，七国纷争，各国之间经常发生战争。公元前313年，燕国因争夺王位而大乱，百姓陷于水深火热之中。于是，齐国军队趁着这一有利时机，取得了燕国百姓的支持，只用短短五十天的时间，就一举击败了燕国军队，攻占了燕国的大部分领土。齐宣王非常得意，想借这个机会完全吞并燕国，于是他去请教孟子，让孟子评价一下齐国讨伐燕国这件事。孟子认为，是否占领燕国，要由民心向背来决定。民众之所以"箪食壶浆，以迎王师，岂有它哉？避水火也"（《孟子·梁惠王下》），主要是为了结束原先那种水深火热的艰难生活。如果大王占领燕国之后，使得水势更深，火势更大，那么燕国百姓就会再次逃避这种艰难的生活，他们将会渴盼其他救兵的到来，所以即使大王占领了燕国，也不会长久。

成语"箪食壶浆"说的就是老百姓用箪盛饭、用壶盛汤来欢迎他们爱戴的军队，形容军队受到群众热烈拥护和欢迎的情况。

壶

箪食壶浆

原 文

执豕①于牢②，酌之③用匏④。食之饮之，君之⑤宗之⑥。

——《诗经·大雅·公刘》

【注释】

① 豕（shǐ）：猪。

② 牢：猪圈。

③ 酌之：舀取。

④ 匏（páo）：匏是中国古代对葫芦的称呼，匏最广泛的用途就是从中间剖成两半做成盛水或酒的器皿。

⑤ 君之：当君主。

⑥ 宗之：当族长。

【解读】

人们捉猪宰猪，举起酒杯，祭祀祖先，推选公刘作为部落领袖。

公刘，相传是后稷的重孙。《诗经·大雅·公刘》这首诗着重记载了公刘开创基业的史实。全诗六章，每章十句，均以"笃公刘"发端，讲述公刘作为部落之长，带领民众勤劳耕作，开拓疆土，建立邦国的过程。民众安居乐业，饮酒吃肉，谈笑风生。这里摘选的是第四章中的几句。

【知识链接】

匏是用匏瓜做成的。匏瓜是棚架蔬菜，既可食用，又可遮阳纳凉、美化庭院。成熟的匏瓜对半剖开后可以做水瓢使用，所以很多地区专门种植匏瓜用来做水瓢，也叫它"瓢葫芦"。用匏瓜做汲水或盛酒之具，在我国极为普遍，目前农村还有人在使用。

"吾岂匏瓜也哉？焉能系而不食？"（《论语·阳货篇第十七》）孔子说

自己不能像匏瓜那样，悬挂着而不让人食用，而要能够有所作为。

"惧匏瓜之徒悬兮，畏井渫（xiè）之莫食。"（东汉·王粲《登楼赋》）担心像葫芦瓢一样徒然挂在那里不被任用，害怕清澈的井水无人饮用。

古人还仿照葫芦的形状制壶，如匏瓜壶、匏尊。北宋文学家苏轼《前赤壁赋》有句："驾一叶之扁舟，举匏樽以相属。寄蜉蝣于天地，渺沧海之一粟。"月夜泛舟大江，饮酒赋诗，忘怀世俗，凭吊历史人物之兴亡，感叹人生之短促，阐发变与不变的哲理，表现了诗人旷达乐观的人生态度。

匏 匏尊 匏瓜壶

匏是古代的盛酒器

原 文

釐①尔圭瓒②，秬鬯③一卣④。告于文人⑤，锡山土田。于周⑥受命，自召祖命⑦。虎拜稽⑧首：天子万年！

——《诗经·大雅·江汉》

【注释】

① 釐（lài）：通"赉"，赏赐。

② 圭瓒：用玉作柄的酒勺。

③ 秬鬯（jù chàng）：秬，黑黍。鬯，郁金香草。"秬鬯"就是用黑黍和郁金香草酿的酒。

④ 卣（yǒu）：带柄的酒壶。椭圆形，大腹，圈足，敛口，有盖和提梁。

⑤ 文人：有文德的先人。或指文王。

⑥ 周：岐周，周人发祥地。

⑦ 自召祖命：自，用。召祖，召氏之祖，指召康公。命，册命的典礼。

⑧ 稽（qǐ）首：古时礼节，跪下拱手磕头，手、头都触地。

【解读】

赐你玉柄勺，一樽黑黍和郁金香草酿的酒。告祭祖先，赐你山地、土田。岐周受命，叩头行礼，感谢祖先的封典，祝福天子万年。

据《后汉书·东夷列传》载，周厉王时期，因为政治混乱，东方的淮夷入寇，虢（guó）仲作为周厉王的大臣，南征淮夷，未能取胜。宣王继位后亲征，命召虎率军平淮夷。召虎取胜归来，宣王大加赏赐，召虎作此诗，并作铜簋（guǐ）以纪其功。

【知识链接】

秬鬯是一种高级酒，主要用于祭祀降神和赏赐有功的诸侯。《礼记·表记》有云："天子亲耕，粢盛、秬鬯以事上帝。"

卣是一种酒器，也是祭祀用的高级礼器，盛行于商朝和西周。西周青铜卣的造型特点是体形扁圆，大肚子、小口，常在提梁和器身上作精美的纹饰。此外，还有做成鸟兽形状的卣。

1961 年，在湖北省江陵县万城北门外出土了"小臣作父乙卣"，提梁上刻有五字铭文："小臣作父乙"，应该是小臣为他的父亲制作的。这件铜卣的主体纹饰为云雷纹与夔纹，颈部与腹部浑然一体。圈足上装饰有一目双身的夔纹。颈部有环钮，钮中套拱形提梁，提梁两头各有一个奇怪兽头，形状似羊非羊，似猪非猪，双耳圆大，两目圆睁，长吻前伸，看起来像貘（mò）。提梁上铸有四处写实风格的蝉纹。蝉首呈兽形，眼睛凸出为梭形，宽大的蒜头鼻前凸，脸面两侧对称，长须前伸，前端卷曲。

卣

卣是古代的一种礼器

原文

昔者江①出于岷山②，其始出也，其源可以滥觞③，及其至江之津也，不放舟、不避风则不可涉也。非维下流水多邪?

——《荀子·子道》

【注释】

① 江：岷江。原为汶江。古汶、岷相通。

② 岷（mín）山：古代所说的岷山包括现在的岷山山脉（在今四川松潘县北）与巴山山脉（在今长江三峡西北），是长江、黄河的分水岭，岷江、嘉陵江的发源地。

③ 滥觞：水流极小，仅能浮起酒杯。觞，古代的一种酒器。

【解读】

大江大河源头的水都很小，只可以浮起酒杯，等到它流到长江的渡口时，如果不把船并在一起，不避开大风，就不能横渡过去了，因为下游水已经很大。

相传大禹治水从上而下，始于岷江。

【知识链接】

觞，外形椭圆、浅腹、平底，两侧有半月形双耳，有时也有饼形足或高足，考古界亦称其为耳杯。觞本义为古代盛酒器，作为动词时有敬酒、饮酒的意思。

"流觞曲水"源于上巳节这一古老的风俗。上巳指夏历三月的第一个巳日，三月初三多逢巳日。这天，人们把荠菜花铺在灶上以及坐卧的地方，认为可以消杀虫害；把荠菜花、桐花藏在毛衣、羽衣里面，认为可以使衣服不被虫蛀；妇女把荠菜花戴在头上，认为可以不犯头痛病，晚上睡得特别香甜。所以每逢上巳节，官民都去水边洗濯（zhuó）。

文人雅士则喜好进行曲水流觞的活动。流觞，亦称"流杯"，人们把盛有酒的酒杯放在上游河面上，让酒杯沿水而下，文人们则分列于两岸，看到酒杯停在自己面前，就端起来一饮而尽。东晋书法家王羲之在《兰亭集序》中说："此地有崇山峻岭，茂林修竹，又有清流激湍，映带左右，引以为流觞曲水。"又说"一觞一咏，亦足以畅叙幽情"。现代作家冰心在《寄小读者》中亦称赞："流觞曲水，不但仿古人余韵，而且有趣。"

觞

流觞曲水

原文

凡四时之间祀^①，追享^②，朝享^③，裸^④用虎彝^⑤、蜼彝^⑥，皆有舟^⑦。

——《周礼·春官宗伯·司尊彝》

【注释】

① 间祀：四时正祭之间的祭祀。

② 追享：追祭迁庙之主。

③ 朝享：朝飨，朝拜，朝贡。

④ 裸：古代祭礼，祭祀时把奉献的酒浇在地上。

⑤ 虎彝（yí）：古代祭祀用的酒器，器上刻画虎形。彝，古代盛酒的器具，亦泛指古代宗庙常用的祭器，亦是古代宗庙常用的青铜祭器的总称，如钟、鼎、尊、罍、俎、豆等。

⑥ 蜼（wèi）彝：古代祭祀用的酒器，器上刻画蛇形或隼（sǔn）形。

⑦ 舟：盘，用以载彝。或用琼玉制造，故诗文中常用"琼彝玉舟"作为酒器之雅称。

【解读】

四时正祭之外的祭祀称为"间祀"，如五月尝麦、三伏立秋、十月尝稻等都叫作间祀。追享、朝享指在庙堂、朝会上举行祖祭，人们用虎彝、蜼彝盛酒洒地表示敬意。

《周礼》亦称《周官》或《周官经》，儒家经典之一，是记述西周政治制度之书，传说为周公所作，今文经学家认为成书于战国时期。全书有六篇：《天官冢宰》《地官司徒》《春官宗伯》《夏官司马》《秋官司寇》《冬官司空》。《冬官司空》早佚，汉时补以《考工记》。六官分别为天、地、春、夏、秋、冬。天官掌邦治，地官掌邦教，春官掌邦礼，夏官掌邦政，秋官掌邦禁，冬官掌邦务。六官之下又各有属官，是谓百官。其中，天官乃王之辅弼，为六官之首，百官之长。

【知识链接】

早在上古时期，人们的时间观念主要是以时令祭祀的形式出现，遵循四季的变化对祖先进行祭祀，四季的意义主要在于与天时相对应，《礼记·王制》把不同季节举行的祭祀活动分别冠以不同的名称：天子、诸侯宗庙之祭，春曰"礿（yuè）"，夏曰"禘（dì）"，秋曰"尝"，冬曰"烝（zhēng）"。

"六尊六彝"（《周礼·春官宗伯·司尊彝》）泛指祭祀的礼器，六尊：牺尊、象尊、著尊、壶尊、大尊、山尊。六彝，因刻画的图饰各不相同，而有不同的名称，如：鸡彝、鸟彝、斝彝、黄彝、虎彝、蜼（wèi）彝。春夏之祭用鸡彝、鸟彝、牺尊、象尊；秋冬之祭用斝彝、黄彝、著尊、壶尊。六尊六彝排序均由小而大，小为尊，大为卑。

虎彝是刻画虎形的酒器。周礼规定，在重大祭祀中要用虎彝，而且虎彝还要配有托盘。朋友相聚，饮酒取乐，则一般不使用虎彝。

彝又可理解为常理、法理，如彝伦、彝常、彝章等。长辈对后辈的日常训诫，叫作彝训。"聪听祖考之彝训。"（《尚书·周书·酒诰》）告诫子孙要善于聆听父祖们的日常训诫。

彝是古代重要的礼器

原文

有以小为贵者：宗庙之祭，贵者献以爵①，贱者献以散②。

——《礼记·礼器》

【注释】

① 爵：酒爵。封号。

② 散：即斝，酒器。

【解读】

爵、散都是饮酒用的器皿，但大小不同，爵最小一升，散最大五升。祭祀时以小为贵，即身份尊贵的人持爵，身份卑微低贱者举散。

北宋末年宰相王黼（fǔ）在《宣和博古图》一书中说，爵的用途十分广泛："爵于彝器是为至微，然而礼天地、交鬼神、和宾客，以至冠昏丧祭、朝聘、乡射，无所不用，则其为设施也至广矣。"祭祀朝拜、婚丧嫁娶、设宴摆酒等，无所不用。

【知识链接】

《礼记·明堂位》中写道："夏后氏以盏，殷以斝，周以爵。"说的就是各个时期的核心酒器不同，最早，夏朝以盏为主要祭祀礼器，盏是鸟形的玉酒器；商汤打败夏桀之后，定斝为御用酒器；武王伐纣之后分封诸侯时，用爵盛酒赏赐诸侯。

古时"爵"同"雀"。《康熙字典·爵》解释说，造型像雀，又似雀的叫声，雀鸣喈（jiē）喈，谐音节节，节制饮酒之意，取其能飞而不溺于酒，以戒纵酒无度。

爵在商代和西周青铜礼器的考古发现中很常见。如西周凤鸟纹爵，现藏于北京故宫博物院。

古代"爵"还代表皇帝对贵戚功臣的封赐，据《通典·职官·封爵》记载，自尧帝、舜帝至夏朝，置五等爵位：公、侯、伯、子、男。商朝置三等爵位：公、侯、伯。各个朝代不尽相同。但是从目前的考古和古文字研究来看，并不能说明爵位与酒器爵有引申关系。

成语"加官进爵"，指的就是升官。有的人以加官进爵为荣，"荫子封妻世应稀，加官进爵人争羡"（明·邵璨《香囊记·褒封》）。清代学者、书画家郑板桥则说："我不愿子孙将来能取势位富厚。盖官途有夷有险，运来则加官进爵，运去则身败名裂。"（清·郑燮《潍县署中寄四弟》）

爵是古代重要的酒器

原文 ————

尊者举觯①，卑者举角②，五献③之尊④，门外缶，门内壶，君尊瓦甒⑤。此以小为贵也。

——《礼记·礼器》

【注释】

① 觯（zhì）：饮酒用的器皿，形似尊而小，或有盖。

② 角（jué）：兽角，酒器。

③ 五献：指子爵、男爵飨礼的五次献酒。

④ 尊：盛酒之器的总名。

⑤ 缶（fǒu）、壶、瓦甒（wǔ）：都是盛酒的器具。缶最大，壶次之，瓦甒最小。

【解读】

觯、角都是饮酒用的器皿，但大小不同，觯容量为三升，角更大，容量为四升。祭祀时以小为贵，即身份尊贵的人持觯，身份卑微低贱者举角。放置酒器时，把最大的盛酒器缶置于门外，较大的壶置于门内，君侯与宾客用的是较小的瓦甒，置于堂上。

【知识链接】

古代宗庙祭祀有各种不同的规定，有的以大为贵，有的以小为贵。

商周社会礼仪制度森严，其制礼的原则首先要适应时代，其次要顺乎伦常，还要适合于对象、事宜和身份等。对社稷、山川、鬼神的祭祀，要适合不同的对象。如丧葬祭祀及宾客交往所需的费用，必须合于事宜。大夫及士的祭祀，仅用一只羔羊、一头小猪，看似微薄，却也足够参加祭祀的人分享；天子及诸侯的祭祀，用牛、羊、豕三牲，看似丰盛，但也不会多余浪费，这便是与身份相称。

宫室的规模，棺椁的厚薄，坟丘的大小，这些要以大为尊。

觯，饮酒用的器皿。类似于小瓶子，大多有盖子，圆腹，侈（chǐ）口，圈足。西周时，出现方柱形的觯。春秋时，觯演变成长身，形状像觚（gū）。

角是从爵演化出来的一种新型酒器，大量出现于殷商晚期或商周之际。角最初用兽角制成，商代开始有铜铸的爵，细腰、平底、足部有圆孔，宽把手，前后有对称的两尾，造型比较简单。

角在古代亦是一种量器。如《水浒传》第三回《鲁提辖拳打镇关西》中，鲁提辖、李忠和史进到酒店去喝酒。酒保唱了喏，认得是鲁提辖，便道："提辖官人，打多少酒？"鲁达道："先打四角酒来。"一角是四升，即八百毫升。

角

角在古代既是酒器也是量器

原文

夫奥^①者，老妇之祭也。盛于盆^②，尊于瓶^③。

——《礼记·礼器》

【注释】

① 奥：炉灶。这里指灶神。

② 盆：古炊器。

③ 尊于瓶：以瓶作酒尊。瓶，古代比缶小的容器，可汲水，可盛酒食。

【解读】

盛食于盆，盛酒于瓶，老妇祭祀灶神。

灶神是人们祭祀的神灵。早在先秦时期，就有祭灶神的习俗。关于灶神的来历，古书上有多种记载，但都不尽相同。《庄子·外篇·达生》称"灶有髻"；《风俗通义·祀典》言"祝融，祀以为灶神"；《淮南子·氾论训》中说"炎帝于火，而死为灶"。

【知识链接】

在关于灶神的众多传说中，最被人们广泛接受的说法是，灶神是被玉帝封的"东厨司命灶君"，玉帝派他来到人间管理灶火、考察一家之善恶。灶神在每年腊月二十四，上天报告功过，定人祸福，所以人们在这一天都会祭灶，焚烧纸马，供清水糖食，让灶神多说好话。

小年祭灶习俗自先秦沿袭至今。人们一般在小年祭灶，请灶神上天，到了年初四，再将灶神迎回来。人们通常在每年腊月二十三或二十四祭灶。古时有"官三民四船家五"的说法，也就是官府在腊月二十三，一般民家在腊月二十四，水上人家则在腊月二十五举行祭灶仪式。举行过祭灶后，便可以正式开始准备过年了。民间将农历腊月二十三到除夕的这段时间称为

"迎春日"。民间还有在小年"扫尘"的习俗，扫尘就是将所有的房间彻底清扫一遍。

"瓶"，腹大颈长，可用于盛放液体或半液体的东西。新石器时代已有陶制瓶，隋唐时流行瓷制品。宋代南北窑普遍生产瓷瓶，有玉壶春瓶、梅瓶、花口瓶、洗口瓶等经典造型。元明时期，玉壶春瓶、梅瓶不仅作容器，还当作冥品陪葬。清代玉壶春瓶、梅瓶又被当作陈列品，用来观赏与收藏。

"瓶"与"平"同音，人们常用"瓶"寄寓"平安"。

陶瓶　瓷瓶　青花瓶

古代常见瓶

瓶是古代重要的容器

原文

请客北堂上，坐客毡氍毹^①。清白^②各异樽^③，酒上正华疏^④。酌酒持与客，客言"主人持"。却略^⑤再拜跪，然后持一杯。

——《玉台新咏·卷一·古乐府诗六首·陇西行》

【注释】

① 氍毹（qú shū）：毛织或毛麻混织的地毯。

② 清白：指清酒、白酒。

③ 樽：酒杯。

④ 华疏：指勺柄上华美的刻镂，借指勺。

⑤ 却略：稍稍退后，以表示谦让。

【解读】

客人来了，迎客就座、宴客摆酒、跪拜敬酒。

《陇西行》为东汉后期的民歌，描写了一位能操持门户、应酬宾客的"好妇"形象，迎客备酒，敬酒上菜，落落大方，彬彬有礼，步履轻盈，进退得体，应对从容，礼节周到。再现了汉代家宴的具体流程及妇女在家里待客的真实场景。

【知识链接】

乐府最初设于秦代，是一个专门管理乐舞演唱教习的机构。汉武帝刘彻重建乐府，其职责是采集民间歌谣或文人的诗来配乐，供朝廷祭祀或宴会时演奏。其搜集整理的诗歌，后世就叫"乐府诗"，或简称"乐府"。它是继《诗经》《楚辞》而起的一种新诗体。

历代文人墨客饮酒抒怀，写下了不少与"樽"有关的诗句。如东晋诗人陶渊明的《归去来兮辞》"携幼入室，有酒盈樽"；唐朝诗人李白的《将进酒》"人生得意须尽欢，莫使金樽空对月"；北宋文学家苏轼的《念奴娇·赤壁怀古》"人生如梦，一尊还酹（lèi）江月"；等等。

酒樽，亦作"酒尊""酒罇"，最早见于战国，盛行于商代至西周时期。

四羊方尊是商朝晚期青铜礼器，祭祀用品，现收藏于中国国家博物馆，是中国现存商代青铜方尊中体形最大的一件，被史学界称为"臻于极致的青铜典范"，位列十大传世国宝之一。四羊方尊以四羊、四龙相对的造型展示了礼器的至尊气象。羊成为青铜重器着力表现的对象，有其独特的象征意义。先秦时期，人们对羊的个性有两个归纳：善良知礼、外柔内刚。羊最通俗或民间化的象征意义便是"吉祥"，至少从汉代开始，羊就与吉祥联系在一起，汉代瓦当、铜镜等铭刻中多见"宜侯王大吉羊（祥）"铭文，吉祥有时直接写成"吉羊"。

四羊方尊

礼玉

 原文

　　以玉作六器^①，以礼天地四方。以苍璧礼天^②，以黄琮礼地^③，以青圭礼东方^④，以赤璋礼南方^⑤，以白琥礼西方^⑥，以玄璜礼北方^⑦。

——《周礼·春官宗伯·大宗伯》

【注释】

① 六器：用来祭祀各方神明的六种玉器，即璧、琮（cóng）、圭、璋、琥、璜（huáng）。

② 苍璧礼天：冬至以苍璧礼北极天皇大帝。

③ 黄琮礼地：夏至以黄琮礼昆仑地神。

④ 青圭礼东方：立春以青圭礼东方苍精之帝。

⑤ 赤璋礼南方：立夏以赤璋礼南方赤精之帝。

⑥ 白琥礼西方：立秋以白琥礼西方白精之帝。

⑦ 玄璜礼北方：立冬以玄璜礼北方黑精之帝。

【解读】

　　玉器是我国祭天等祭祀礼仪中最重要的礼器。按照古人万物有灵的观念，认为玉是山川赋予的精华，是上天恩赐的宝物，具有沟通天地神鬼的灵性，所以玉被称为"天地之精灵"。

　　古人以玉制作成六种玉器，不同形态的玉器对应不同的方位，即天、地和东、西、南、北四方之神，并对各个方位玉礼器的玉种、色彩和器形有明确的规定，即苍璧礼天、黄琮礼地、青圭礼东方、赤璋礼南方、白琥礼西方、玄璜礼北方。这也是"苍天、黄土、青龙、朱雀、白虎、玄武"的由来。

【知识链接】

人类居住的地球，由众多不同的岩石构成。古人在生产与生活中需要经常与石头打交道，天长地久，人们发现各种石头中，有几种很美，于是就把这些石头打磨或粗加工、制作成各种生活工具或装饰用品，并将这种石头称为玉。东汉经学家许慎在《说文解字》中说："玉者，石之美也。"相传，住在昆仑山上的西王母，曾向黄帝、尧、舜献玉。

近代学者王国维有云："盛玉以奉神人之器谓之丰，若豊（lǐ），推之而奉神人之酒醴（lǐ）亦谓之醴，又推之而奉神人之事通谓之礼。"（《观堂集林·释礼》）说明礼从一开始就和玉有着不解的渊源。

古人说，玉有五德，分别是仁、义、智、勇、洁。玉的品质与君子的品质最为相似，所以古代君子多佩戴玉石，古语说"君子无故，玉不离身"。佩戴玉石的目的是时时警醒自己，一个人的道德修养与品格应像玉石一样。

儒家认为君子应当是外带恭顺，内具坚韧；宽以待人，严以律己，光华内敛不彰不显。"言念君子，温其如玉。"（《诗经·国风·秦风·小戎》）

"大丈夫宁可玉碎，不能瓦全！"（《北齐书·元景安传》）比喻宁愿为正义事业牺牲，也不愿丧失气节，苟且偷生。

在民间，玉被作为辟邪、保平安的圣物。

佩　环　镯　簪

古人常佩戴的玉器

古人有佩玉的习俗

原文

于是王召见，问蔺相如曰："秦王①以十五城请易寡人之璧②，可予不③？"相如④曰："秦强而赵弱，不可不许。"王曰："取吾璧，不予我城，奈何？"相如曰："秦以城求璧而赵不许，曲⑤在赵。赵予璧而秦不予赵城，曲在秦。均之二策，宁许以负⑥秦曲。"王曰："谁可使者？"相如曰："王必⑦无人，臣愿奉璧往使。城入赵，而璧留秦；城不入，臣请完璧归赵。"

——《史记·廉颇蔺相如列传》

【注释】

① 秦王：即秦昭襄王。

② 璧：和氏璧，战国时著名的玉璧。楚人卞和发现的。

③ 不（fǒu）：通"否"。

④ 相如：蔺相如。赵宦者令缪贤之门客。

⑤ 曲：理亏，理屈。

⑥ 负：背负，承担。

⑦ 必：倘若，如果。

【解读】

和氏璧是楚国的国宝。战国后期，和氏璧被楚国用作向赵国进贡的聘礼，赠给了赵国。可秦国也非常想得到它，宣称愿以十五座城池来交换赵国的"和氏璧"。足智多谋的蔺相如出使秦国，护送"和氏璧"去秦国交换城池，在谈判过程中，蔺相如识破秦王的阴谋，略施小计，从秦王的手中夺回了"和氏璧"，并顺利地返回赵国。

成语"完璧归赵"比喻把原物完好地归还本人。

【知识链接】

两千多年前，楚国人卞和在山中得到了一块玉，献给楚国的厉王，厉王听信恶人谗言，以欺君之罪，砍去了卞和的左足。后武王即位，卞和又献玉，仍以欺君罪再断其右足。及文王即位，了解到卞和因璞（pú）玉被诬而痛哭了三天三夜的事情，便让人把石头剖开察看，果然是一块举世无双的美玉，便把这块美玉雕琢成玉璧，并以卞和之名命名为"和氏璧"。

秦统一七国后，"和氏璧"被秦始皇雕琢成世代相传的"传国玉玺"，上面刻有"受命于天，既寿永昌"八个篆字，成为帝王无上权力的象征。

玉璧，是一种中央有穿孔的扁平状圆形的玉器。战国至两汉是玉璧的鼎盛时期，花纹形式多变，饰纹种类极为丰富。

荀子说："和之璧，井里之厥也，玉人琢之，为天子宝。"（《荀子·大略》）"和氏璧"原来只是一块石头，经工匠雕琢而成了国宝。人们用"玉不琢，不成器；人不学，不知道"（《礼记·学记》）比喻人不经过培养、锻炼，不能成材。

如何在乱石中遴选出这一块璞玉，白居易说："试玉要烧三日满，辨材须待七年期。"（唐·白居易《放言五首·其三》）这两句诗以极通俗的语言说出了一个道理，对人、对事都要经过时间的考验，要从整个历史去衡量、去判断，而不是根据一时一事的现象下结论。

和氏璧想象图

和氏璧是失传之古玉，无人得知其形，传说为又厚又圆的巨璧，后秦始皇琢其成传国玉玺，后消失于历史长河。

和氏璧见证了古代许多重要事件

原文

受享束帛①加璧②，受夫人之聘璋，享玄纁③束帛加琮④，皆如初。遂行，舍于郊，敛旃⑤。

——《仪礼·聘礼》

【注释】

① 帛（bó）：丝织物，包括锦、绣、绫、罗、绢、绝（shī）、绮、缣（jiān）、绸（chóu）等。

② 璧：玉器名，中间有圆孔，扁平圆形。

③ 纁（xūn）：浅红色。古通"曛"，黄昏的阳光。

④ 琮（cóng）：瑞玉。

⑤ 旃（zhān）：古代一种赤色无饰曲柄的旗。

【解读】

使者接受献给聘问国国君的璧，这是加在束帛之上的，又接过献给聘问国国君夫人的璋，和加在玄纁束帛上的琮，接受的礼节都和刚才一样。然后出行，走到郊外时要脱下朝服换上深衣，并把车上的旃旗收起。这里摘选的是接受聘礼的一个细节。

《仪礼》是儒家十三经之一，中国春秋战国时期的礼制汇编合集，共十七篇。主要记载周代的冠、婚、丧、祭、乡、射、朝、聘等各种礼仪，以及士大夫的礼仪。

聘礼，常指聘请时表示敬意的礼物。古代诸侯间常行聘问之礼，一国借道他国也要行聘问之礼。聘礼在日常生活中，则多指订婚时，双方互相馈赠的财物。

【知识链接】

玉琮是古代玉器中的瑰宝。最早出现在五千多年前，方体圆孔，古人认为这种上下穿透的圆孔是通天地的通道，印证"璧圆象天，琮方象地"的道理。

在古人看来，最初天地未分，是一个浑沌的整体，整个天空犹如一个巨大的半圆罩子，将大地与众生包裹在其中。寓言故事"杞人忧天"说的是杞国有一个人听说天是一团气，总是担心天会掉下来，地会陷下去。后来人们用"杞人忧天"嘲笑那些整天毫无理由而忧心忡忡的庸人，告诉人们不要毫无理由地胡乱担心与忧愁。《淮南子》里《女娲补天》的故事，说的就是女娲把玄武的四条腿当作擎天柱，把天给支撑起来了。

阴阳学家则把这种浑沌称为太极，太极生两仪，就分出了天地。由众多星体组成的茫茫宇宙称为"天"，立足其间赖以生存的田土称为"地"，于是便有了"天圆地方"之说。

我国的古建筑讲究天圆地方。明清时期在北京修建的天坛和地坛就是遵循天圆地方原则修建的。天坛圜（yuán）丘的层数、台面的直径、四周的栏板，都是单数，即阳数，象征天为阳。地坛是方形的，四面台阶各八级，都是偶数，即阴数，象征地为阴。普通百姓常常在自家方形小院中修一个圆形的水池，或者在两院之间修一个圆形的月亮门，这些都是天圆地方的体现。北方的四合院也是天圆地方学说的典型代表。

玉琮

玉琮是古代重要的礼器

原文

天降丧乱，饥馑荐①臻②。靡③神不举④，靡爱⑤斯牲⑥。圭璧⑦既卒，宁⑧莫我听⑨。

——《诗经·大雅·云汉》

【注释】

① 荐：屡次。

② 臻（zhēn）：至。

③ 靡（mǐ）：无，不。

④ 举：祭祀。

⑤ 爱：吝惜，舍不得。

⑥ 牲：祭祀用的牛、羊、豕等。

⑦ 圭、璧：均为古玉器。朱熹《诗集传》："圭璧，礼神之玉也。"

⑧ 宁：乃。

⑨ 莫我听：即莫听我。

【解读】

骄阳似火，禾稼死亡，田地龟裂，人畜缺水，民不聊生。天降灾难，饥饿灾荒连连。各方神灵都祭祀，牛羊等祭品都贡献，祭神圭璧已用完。我的祈求不能实现。

《诗经·大雅·云汉》是一首写周宣王担忧旱情而祈雨的诗。全诗八章，每章十句。通过比较详尽的叙写，具体地描写了西周末期那场大旱，记述周宣王因旱灾难解而愁苦的心情。第一、二两章写的是祭神祈雨。这里摘取的是该诗第一章的最后几句。

【知识链接】

　　玉圭是朝廷祭祀的一种礼器。有大圭、镇圭、命圭、桓圭、信圭、躬圭、珍圭、圭璧、裸圭等二十多种，有大有小，有薄有厚，有长有短，有的有纹饰，有的无纹饰。如镇圭就是一块长度为一尺二寸的长方形玉块，上为尖首，像高山之形，象征天下至尊，世间万物皆俯首其脚下，取其安镇天下、威震四方之意。镇圭中间有一个圆孔，表示天子为政不偏不倚。按周制的说法，公、侯等手执命圭一块，天子除手执镇圭外，腰间还有一圭，长三尺，中间部位削薄，锥形头。

　　据记载，周天子为了便于统治而命令诸侯定期朝觐，同时赐予其玉圭，诸侯朝觐时必须将其持于手中，并以此物作为他们身份与地位的象征，不同尺寸的玉圭显示了不同等级和地位。在分封诸侯时，也常赐玉圭，被赐予玉圭的诸侯便相当于掌握了其封地内的生杀大权，是一种权力的象征。

镇圭

镇圭是古代的重要礼器

原文

济济^①辟王^②，左右奉^③璋^④。奉璋峨峨^⑤，髦士^⑥攸^⑦宜^⑧。

——《诗经·大雅·棫朴》

【注释】

① 济济（jǐ）：美好貌。庄敬貌。

② 辟王：君王。

③ 奉：捧。

④ 璋：一种玉器，这里指一种祭祀用的带玉柄的酒杯。

⑤ 峨峨：盛服严装之貌。

⑥ 髦（máo）士：俊士，优秀之士。

⑦ 攸：所。

⑧ 宜：适合。

【解读】

周文王仪表堂堂，左右的人们都捧着玉璋，威武雄壮。

《诗经·大雅·棫朴》是歌颂周文王郊祭天神后，领兵伐纣的诗。全诗五章，每章四句，前三章写周文王众望所归，受人拥戴，后两章歌颂周文王仪态端庄，用人得当，征伐诸侯，治理四方。这里摘选的是第二章。

【知识链接】

璋是一种玉制的信物，形状如圭的一半。古人举行典礼时将璋拿在手里。据《周礼》记载，璋的种类大致有赤璋、大璋、中璋、边璋、牙璋五种。

璋的用途，学者归纳为三类：第一类赤璋，用于礼南方之神朱雀；第二类大璋、中璋、边璋，天子巡守时用来祭山，大山川用大璋，中山川用中璋，小山川用边璋；第三类牙璋，用作符节。

古人常用玉喻人，如"如珪如璋""圭璋之质"比喻人品质高尚，气宇轩昂。

"乃生男子，载寝之床，载衣之裳，载弄之璋。"（《诗经·小雅·斯干》）家中生了男孩，也会把美玉给他玩。"弄璋之喜"就是代表生了男孩。生下女儿就让她玩纺锤，希望女孩子能学好女红，长大后能勤俭持家。"弄瓦之喜"就是代表生了女孩。一璋、一瓦，从最原始的寓意上来看，并没有明显的褒贬，主要体现的是男女之间社会分工的差异，男主外，应该建功立业；女主内，做个贤妻良母，学会针黹女红、做饭酿酒。

"弄璋诗句多才思，愁杀无儿老邓攸。"（唐·白居易《崔侍御以孩子三日示其所生诗见示因以二绝句和之》）邓攸，两晋著名大臣，以清廉著称。他不是没有子嗣，而是在避难过程中，面临一个两难的抉择，是保自己的儿子还是保侄子，为了不让兄弟绝嗣，他最终选择了放弃儿子。邓攸在生死关头，在儿子和侄子只能活其一的前提下，选择了侄子，是大义之举！正如"赵氏孤儿"中的程婴，舍子存孤，千秋扬名。

人们借成语"伯道无儿"惋惜有德之人绝嗣。

玉璋

玉璋是古代重要的礼器

原文

古礼玄圭^①苍璧^②，黄琮^③赤璋^④，白琥^⑤玄璜^⑥，以象天地四时而立名尔。

——《本草纲目·金石部·玉类》

【注释】

① 玄圭：黑色的玉器，上尖下方，古代用以赏赐建立特殊功绩的人。

② 苍璧：深青色、深绿色的玉璧。玉璧是一种平圆形中间有孔的玉，古代在典礼时用作礼器，亦可作饰物。

③ 黄琮：黄色的瑞玉。

④ 赤璋：以赤色玉制成（大多是玛瑙），专门敬献给南方之神朱雀的玉器，天子巡守时的信物。

⑤ 白琥：雕成虎形的白玉。古代祭祀西方时用之。

⑥ 玄璜（huáng）：用黑玉制作的半圆形瑞玉。

【解读】

古礼规定，祭祀时以六器，即璧、琮、圭、璋、琥、璜来祭祀天与地，以及东、南、西、北四方之神，并代表春、夏、秋、冬四季。玉圭有尖角，像万物发芽破土而生，代表春季；玉璋等于半块圭，象征万物已经到了最旺盛的时候，代表夏季；琥为虎形，老虎威猛，代表秋天；璜是半璧，冬天万物凋零，大地一片空茫，如同世界只剩下一半，代表冬季。

《本草纲目》，明朝李时珍著，是集中国 16 世纪前本草学之大成的中医典籍，是中国历史上到 16 世纪为止最完整、最科学的一部医学著作。

【知识链接】

玉琥是一种刻有虎纹或雕琢成虎形的玉器，或单头虎，或双头虎。考古发掘中出土的和传世的虎形玉器，有圆雕、浮雕和平面线刻的虎纹，多为佩饰。

在古代军队中，将军或者是皇帝手中都有一件特别的物品，那就是兵符，其中最为人熟知的就是虎符。为什么要用老虎？相传最早的时候，类似兵符的东西是姜子牙首先提出来的，而选择老虎，是因为老虎是兽王，不仅霸气而且象征着不可侵犯。因为当时皇帝深居皇宫，而守边的将军们都手握雄兵，将在外，君命有所不受，中国古代将军叛变的例子也非常多，于是统治者吸取教训创建了兵符制度，没有兵符就没有兵权，就没有权力调动兵力。

虎形兵符通常是一种能精准扣合的两块铜器具，君主与将军各执一块，两块相合才代表君主的旨意。

历史上有名的故事"窃符救赵"中有一个核心的小物件，那就是兵符。说的是公元前257年，秦国攻打赵国，围困了赵国国都邯郸，赵国向魏国求救。赵国的平原君向自己的小舅子、魏国的信陵君魏无忌求救。信陵君按照门客侯嬴的计策，求魏王的宠姬偷出了魏王的兵符。信陵君持此兵符调动八万魏军以攻秦军，解了邯郸之围。

玉琥

玉琥在古代军事行动中具有重大的象征意义

原文

大乐之野 ①，夏后启 ② 于此儛 ③《九代》④，乘两龙，云盖 ⑤ 三层。左手操翳 ⑥，右手操环 ⑦，佩玉璜 ⑧。

——《山海经·海外西经》

【注释】

① 大乐之野：地名，也叫大穆之野。在大运山北。一曰大遗之野。

② 夏后启：夏朝国君启。启，大禹的儿子。禹死后启继王位，是夏朝的第二任君王。

③ 儛（wǔ）：跳舞。

④《九代》：乐曲名。

⑤ 云盖：如盖的云。

⑥ 翳（yì）：用羽毛装饰的伞盖，是一种仪仗。

⑦ 环：玉环。

⑧ 璜（huáng）：半圆形的玉器。《说文解字》解释为"半璧曰璜"。

【解读】

夏朝国君启（大禹的儿子）在大乐之野观看乐舞《九代》，夏启乘着两条龙而下，周围有三层云盖，他左手举着用羽毛做的华盖，右手拿着玉环，身上佩戴着玉璜。

《山海经》是中国古代一部记述志怪的古籍，内容主要包括山川、地理、药物、祭祀、巫医等民间传说中的地理知识。全书现存 18 篇，分为《山经》和《海经》。主要记载了与黄帝、女娲和大禹等有关的许多重要神话资料，保存了不少脍炙人口的远古神话传说和寓言故事，如夸父逐日、精卫填海等。

《山海经·海外西经》是《海经》的一部分。《海经》分为《山海经·海外经》和《山海经·海内经》。其中《山海经·海外经》包括《山海经·海外南经》《山海经·海外西经》《山海经·海外北经》《山海经·海外东经》四个部分。

【知识链接】

大禹原来想要选他的得力助手伯益做接班人。伯益发明了凿井取水、火烧狩猎的方法，深受民众爱戴。大禹死后，启与伯益掀起了一场争夺帝位的战争。经过一番较量后，启打败了伯益的军队，登上了帝位，建立了历史上第一个朝代——夏朝。从此，父亡子继的世袭制代替了任人唯贤的禅让制。

《山海经》中关于龙的记载非常多，这里面的龙是作为坐骑存在的。如："南方祝融，兽身人面，乘两龙。"（《山海经·海外南经》）南方的火神祝融，长着兽身人面，驾乘着两条龙。"东方句（gōu）芒，鸟面人身，乘两龙。"（《山海经·海外东经》）木神句芒，鸟身人面，驾乘着两条龙。这里所说的龙基本与马一样，是一种坐骑，不过龙的地位比马高。《史记》当中还专门记录说黄帝铸鼎之后，骑着龙离开了。又如文学家元好问在《续夷坚志》中说："龙鳞甲中出黄毛……头与大树齐，腥臭不可近。"龙是一种动物，身上有腥臭。《说文解字》说："龙，鳞虫之长，能幽能明，能细能巨，能短能长，春分而登天，秋分而潜渊。"

从数千年前无信史可考的文化来看，龙的起源众多，形象也多有不同。

乘龙佩璜，祈求的是一种祥瑞。古代玉器合称"六器"，包括璧、圭、琮、璋、琥和璜，璜是"六器"中样式最繁杂、数量最多、流行时间也较长的一种礼玉。玉璜的形态一般为两种：一种为半圆形片状，圆心处略缺，形似半璧；另一种为较窄的弧形。一般玉璜在两端打孔，方便系绳佩戴。商周以后，玉璜一般具有礼器和佩饰两种作用。

玉璜

玉璜在古代是重要的佩饰

原文

礼云礼云，玉①帛②云乎哉？乐云乐云，钟鼓③云乎哉？

——《论语·阳货篇第十七》

【注释】

① 玉：玉器。

② 帛：丝织品。从狭义上讲，是指古代诸侯参与会盟或朝觐天子时所持的礼物。

③ 钟鼓：乐器。

【解读】

"礼"难道仅仅指玉帛等这样的礼器吗？"乐"难道就是摆在那里供人们使用的琴、瑟、鼓、钟等乐器吗？"礼乐"在孔夫子心目中的地位非常高。孔子在与学生讨论学习《诗》的旨趣时，要求学生要进一步理解礼、乐的根本意义。礼乐之本不在玉帛钟鼓，礼乐不仅仅是一种外在的物质表现形式，更是一种精神。

《论语·阳货篇第十七》涉及的内容比较广泛，包括政治、诗教、道德、人性等多个方面。阳货，名虎，字货，春秋时期鲁国人，鲁国大夫季平子的家臣，季氏曾几代掌握鲁国朝政，阳货掌握着季氏的家政。后阳货以一介陪臣的身份掌握了鲁国的国政。

【知识链接】

古神话中说玉是补天之圣物。古人亦相信帛可以以某种神秘的形式升天，所以把帛当作在祭祀和盟誓中的"信使"和载体。玉帛，从广义上说，泛指举行礼仪时所用的礼器，后演变成"和平"的代名词。

史载，"昔者，夏鲧（gǔn）作三仞之城，诸侯背之，海外有狡心。禹知天下之叛也，乃坏城平池，散财物，焚甲兵，施之以德，海外宾伏，四夷纳职，合诸侯于涂山，执玉帛者万国。"（《淮南子·原道训》）说的就是大禹接替父职继续治水，居外十三年，三过家门而不入，"开九州，通九道，陂九泽，度九山"（《史记·夏本纪》），但不居功、不争功，谦卑自律，仁厚爱民。当上首领后，拆掉了城墙，填平了护城河，还把自己的财产分给大家，并毁掉兵器，以道德来教化人民，教民众学种稻谷、种杂粮，发展农牧业生产，使天下安定，国富民强，别的部落相继归附大禹。大禹在涂山开首领大会时，进献玉帛珍宝的部落首领有上万人。"化干戈为玉帛"由此而来，后来比喻使战争转变为和平。

玉、帛是古代重要的礼器

参考文献

[1] 方勇，李波译注. 荀子 [M]. 北京：中华书局，2015.3

[2] 王秀梅译注. 诗经（全二册）[M]. 北京：中华书局，2015.9

[3] 胡平生，张萌译注. 礼记（全二册）[M]. 北京：中华书局，2017.11

[4] 郭丹，程小青，李彬源译注. 左传（全三册）[M]. 北京：中华书局，2012.10

[5] 陈晓芬，徐儒宗译注. 论语·大学·中庸 [M]. 北京：中华书局，2015.2

[6] 杨天才译注. 周易 [M]. 北京：中华书局，2016.3

[7] 王世舜，王翠叶译注. 尚书 [M]. 北京：中华书局，2012.1

[8] 张景，张松辉译注. 道德经 [M]. 北京：中华书局，2021.5

[9] 孙通海译注. 庄子 [M]. 北京：中华书局，2016.1

[10] 方勇译注. 孟子 [M]. 北京：中华书局，2015.2

[11] 李小龙译注. 墨子 [M]. 北京：中华书局，2016.1

[12] 方向东译注. 新书 [M]. 北京：中华书局，2012.10

[13] 陈曦等注，陈曦等译. 史记（全十册）[M]. 北京：中华书局，2022.9

[14] 黄怀信译注. 大戴礼记译注 [M]. 上海：上海古籍出版社，2019.11

[15] 张亚新译注. 玉台新咏（全二册）[M]. 北京：中华书局，2021.5

[16] 林家骊译注. 楚辞 [M]. 北京：中华书局，2016.1

[17] 徐正英，常佩雨译注. 周礼（全二册）[M]. 北京：中华书局，2014.2

[18] 管锡华译注. 尔雅 [M]. 北京：中华书局，2014.7

[19] 张双棣等译注. 吕氏春秋（全二册）[M]. 北京：中华书局，2022.9

[20] 李道平撰，王承弼整理. 周易集解纂疏 [M]. 北京：中央编译出版社，2011.11

[21] 班固撰，颜师古注. 汉书 [M]. 北京：中华书局，1960.7

[22] 王天海，杨秀岚译注. 说苑（全二册）[M]. 北京：中华书局，2019.12

[23] 彭林译注. 仪礼 [M]. 北京：中华书局，2012.6

[24] 李时珍. 本草纲目（校点本）[M]. 北京：人民卫生出版社，1982.11

[25] 方韬译注. 山海经 [M]. 北京：中华书局，2016.3

[26]《古代汉语词典》编写组. 古代汉语词典 [M]. 北京：商务印书馆，1998.12

[27] 邹牧仑.《道德经》旁说 [M]. 深圳：海天出版社，2003.5

[28] 中华书局编辑部.中国人应知的国学常识 [M]. 北京：中华书局，2010.1

[29] 中华书局编辑部.中国人应知的国学常识：3[M]. 北京：中华书局，2010.11

[30] 杨润根.发现论语 [M]. 北京：华夏出版社，2003.1

[31] 张冠湘，刘城淮，谷育葛，张跃波.古诗文名句录 [M]. 长沙：湖南人民出版社，1983.10

[32] 金启华译注.诗经全译 [M]. 南京：江苏古籍出版社，1984.11

[33] 秦牧.实用名言大辞典 [M]. 南宁：广西人民出版社，广西教育出版社，1990.5

[34] 罗国杰.中国传统道德：简编本 [M]. 北京：中国人民大学出版社，1995.12

[35] 袁禾."十通"乐舞曲章集粹 [M]. 北京：文化艺术出版社，2021.9

[36] 喻怀澄.历代名言佳句赏析辞典 [M]. 天津：南开大学出版社，1996.4

[37] 叶朗，费振刚，王天有.中国文化导读 [M]. 北京：生活·读书·新知三联书店，2007.1

[38] 梁适.百科用语分类大辞典 [M]. 上海：上海古籍出版社，1989.12

[39] 张以文译注.四书全译 [M]. 长沙：湖南大学出版社，1989.5

[40] 天人.四书五经名句鉴赏辞典 [M]. 呼和浩特：内蒙古人民出版社，1999.10

[41] 王建辉，易学金.中国文化知识精华（修订本）[M]. 武汉：湖北人民出版社，1991.1

[42] 常州市教育局.成语词典 [M]. 南京：江苏人民出版社，1981.12

后记

　　《典籍里的"礼"》终于付梓出版与读者见面了。回首三年多来，从酝酿策划到筛选主题，再到寻章摘句、引经据典，既是编著者自我学习的过程，也是自我提升的过程。其间亦多次被激励，被感动。

　　中国文化博大精深。从四书五经到二十四史，从《天工开物》到《本草纲目》，浩如烟海、气象恢宏、赓续千年、源远流长。我供职于图书馆已近卅载，为书找人，为人找书，与书为伴，以书会友。传承文明、传播文化既是图书馆的使命之一，亦是我时刻铭记于心的职业心愿。

　　2021 年初，由我策划的"中国文化第一课"阅读推广活动，于当年世界读书日启动。第一讲"典籍里的中国礼乐"，用时代的语言、表演、对话诠释《尚书》和《诗经》中的礼乐，以人们喜闻乐见的方式与读者一起品读典籍中承载的中国文化。其中的讲座特邀老馆长程亚男女士为对话嘉宾。

　　活动甫一推出，大受欢迎，尤其是与孩子们的现场互动，让内容深邃的典籍，融化成幽远的意境和心灵的韵律，栩栩如生、可感可知。中华典籍的感染力给了我最初的信心和启发，图书馆应该用什么样的方式向读者展示浩瀚的典籍？怎样才能让更多的读者领略吸收中华典籍的精华、自觉构建深入骨髓的文化自信？今天我们倡导大家阅读典籍、经典，它不应该只是一次活动，而是要通过各种方式诠释典籍，让大家主动阅读典籍，了解典籍，让典籍焕发新生！这一点对于孩子们来说，更有着非同一般的意义，于是，为孩子们展示、推荐与解析中华典籍的想法油然而生。

　　图书馆集天下典籍、汇九州精华。一座图书馆的价值，不仅在于它有多宏伟、多现代、有多少藏书，更重要的是它的思想、视野和价值观，以及给读者传递的精神。

中华文脉何处寻？

如何选题、如何谋篇布局？从写下策划方案第一个字的那一刻起，我们几位中青年图书馆人，就在老馆长程亚男的带领和指导下，开始着手在悠悠典籍的一纸一页里，在先贤们的一字一句中，挖掘与寻觅中华典籍中的礼乐之美。

孔子曰："六艺于治一也。《礼》以节人，《乐》以发和，《书》以道事，《诗》以达意，《易》以神化，《春秋》以义。"

以我个人粗浅的理解，中国文化正是始盛于周礼，并由其仪规凝聚为以礼为核心的体系。孔子后来又说"礼失而求诸野"，"礼"不再局限于朝，流传至野，朝野共存，"礼"至此不只规范天地、邦国、君臣等关系，亦可统筹一切社会关系，包括人与自己的关系。从上层建筑的创造到广阔民间的传承再创造，那或许就是一种礼文化的自发传播。

"非礼勿视，非礼勿听，非礼勿言，非礼勿动。"从典籍里抽取"礼"这一文化符号，可以让今天的孩子们大致感知中国文化的脉络和璀璨生命力，亦可从"礼"开始理解自我行为与社会关系，从"礼"出发，既是人之根本，也是我们创设"中国文化第一课"的初衷。孔子说："兴于诗，立于礼，成于乐。"一个"立"字清晰表述了礼乐制度的建构逻辑，基于此，我们又相继策划了"乐""器""术"等系列选题，选题论证正在进行中，期盼不日后能成稿。

多次研讨，数易其稿。最终决定以少儿读者为主要对象，兼及成人读者，编写"中国文化第一课"系列丛书，重在体现中华文化"和""美""识"的价值取向。

《典籍里的"礼"》为系列丛书中的第一册。以礼为首，实乃天经地义，"夫礼，天之经也，地之义也，民之行也"。于是我们按主题精选了有关"礼"的经典原文，包括"礼义""礼仪""礼器"三大部分。所选典籍基本上以先秦为限，少量延伸至两汉。讲好"中国文化第一课"，让古籍里的文字、书库里的典籍活起来！

　　三年多来，走过酷暑，遭遇疫情。最令人激动的是 2021 年 11 月，南山区委常委、宣传部部长王远辉到南山履职不久即来南山图书馆调研，我向他汇报了"中国文化第一课"阅读推广品牌活动，以及配套系列丛书的编写计划，远辉常委耐心询问详情，高度肯定我们的计划，指出"中国文化第一课"是一个很好的综合文化服务品牌，值得好好做，鼓励我们大胆进行《典籍里的"礼"》等系列丛书的创作，遇到困难及时向他汇报。在推进执行编写工作的关键节点，远辉常委的关怀带给我巨大的信心。

　　深深地感谢陈平原教授，他是我无比敬仰的文化大家。2023 年 11 月，有幸通过微信向陈教授简要介绍了《典籍里的"礼"》一书的编写方案，并邮寄了一份略显粗糙的初稿，他很快于百忙之中慷慨作序，且不吝揄扬鼓励，令我汗颜又感动非常。感谢深圳出版社的韩海彬主任、责任编辑靳红慧老师，感谢著名文化学者许石林老师的不吝赐教。感谢覃自勇（弯弯）老师团队精美的手绘插画，生动有趣。感谢本书编辑小组的所有成员，资深研究馆员程亚男承担了书稿的大部分编著工作，青年馆员尹璐琪承担了书稿的文字整理和校对工作，廖颖参与图例校对，王燕参与部分文字校对。没有她们的辛苦操刀、同力协契和无私奉献，就没有这本书的出现。也是她们，让我感受到了南山图书馆生生不息的生命力，"图书馆是一个生长的有机体"在这里得到了生动的体现。

　　在浩如烟海的史册中披沙拣金、钩深致远，非我等图书馆人能力所及，挂一漏万，错选误读，在所难免，还望各位方家批评指正。

杨熔

2024 年 5 月 19 日于南山图书馆